Josef Griesbeck
Gemeinschaft leben

Impulse und Methoden für die Jugend- und Gemeindearbeit

Josef Griesbeck
Gemeinschaft leben

Herder
Freiburg · Basel · Wien

Alle Rechte vorbehalten – Printed in Germany
© Verlag Herder Freiburg im Breisgau 2001
Umschlaggestaltung: Finken & Bumiller, Stuttgart
Foto: Tony Stone
Herstellung: Freiburger Graphische Betriebe 2001
Gedruckt auf umweltfreundlichem,
chlorfrei gebleichtem Papier
ISBN 3-451-27460-4

Inhalt

Vorwort 7

1. TEIL:
HABT GEMEINSCHAFT
UNTEREINANDER

Gemeinschaft beim Essen 10
Zugang 10
Ansätze zum Handeln 10
Materialien zum Thema 13
Symbol: Salz 18
Gemeinschaft im Brot 19
Zugang 19
Ansätze zum Handeln 19
Materialien zum Thema 22
Symbol: Brot 24
Gemeinschaft im Schweigen 25
Zugang 25
Ansätze zum Handeln 25
Materialien zum Thema 27
Symbol: Klangschale 31
Miteinander im Advent 32
Zugang 32
Ansätze zum Handeln 32
Materialien zum Thema 36
Symbol: Nuss 39
Gemeinschaft am Feuer 40
Zugang 40
Ansätze zum Handeln 40
Materialien zum Thema 42
Symbol: Feuer 43
Gemeinschaft im Spiel 45
Zugang 45
Ansätze zum Handeln 45
Materialien zum Thema 46
Symbol: Ball 50
Gemeinschaft mit Tieren 51
Zugang 51
Ansätze zum Handeln 51
Materialien zum Thema 53
Symbol: Fell 56
Gemeinschaft mit der Natur 57
Zugang 57
Ansätze zum Handeln 58
Materialien zum Thema 60
Symbol: Rose 64

2. TEIL:
GEMEINSCHAFT DES GEISTES

Gemeinschaft mit Gott 66
Zugang 66
Ansätze zum Handeln 66
Materialien zum Thema 70
Symbol: Dreieck 72
Gemeinschaft mit den Heiligen 73
Zugang 73
Ansätze zum Handeln 73
Materialien zum Thema 75
Symbol: Keltisches Kreuz 77
Gemeinschaft der Glaubenden 78
Zugang 78
Ansätze zum Handeln 78
Materialien zum Thema 81
Symbol: Kreis 82
Gemeinschaft im Gottesdienst 83
Zugang 83
Ansätze zum Handeln 83
Materialien zum Thema 86
Symbol: Wein 88

Miteinander in einer Gemeinde	89	Gemeinschaft in einer Gruppe	134
Zugang	89	Zugang	134
Ansätze zum Handeln	89	Ansätze zum Handeln	134
Materialien zum Thema	91	Materialien zum Thema	140
Symbol: Weinstock	95	Symbol: Puzzle	142
Gemeinschaft in der Kirche	96	**Gemeinschaft mit Behinderten**	143
Zugang	96	Zugang	143
Ansätze zum Handeln	96	Ansätze zum Handeln	143
Materialien zum Thema	99	Materialien zum Thema	145
Symbol: Quelle	101	Symbol: Vier Hände	146
Miteinander der Konfessionen	102	**Gemeinschaft im Ort**	147
Zugang	102	Zugang	147
Ansätze zum Handeln	102	Ansätze zum Handeln	147
Materialien zum Thema	105	Materialien zum Thema	150
Symbol: Kreuz	108	Symbol: Netz	53
Gemeinschaft im Gebet	109	**Solidarität mit den Entrechteten**	154
Zugang	109	Zugang	154
Ansätze zum Handeln	109	Ansätze zum Handeln	154
Materialien zum Thema	111	Materialien zum Thema	156
Symbol: Gefaltete Hände	114	Symbol: Gitter	160
		Gemeinschaft im Jugendhaus	161
3. TEIL:		Zugang	161
ZUSAMMEN LEBEN		Ansätze zum Handeln	161
Miteinander in einer		Materialien zum Thema	166
Hausgemeinschaft	116	Symbol: Wegweiser	168
Zugang	116	**Miteinander in jugendbildenden**	
Ansätze zum Handeln	116	**Einrichtungen**	169
Materialien zum Thema	118	Zugang	169
Symbol: Faden	118	Ansätze zum Handeln	169
Gemeinschaft unter Freunden	124	Materialien zum Thema	171
Zugang	124	Symbol: Regenbogen	173
Ansätze zum Handeln	124		
Materialien zum Thema	127		
Symbol: Herz	133		

Vorwort

»Miteinander Gemeinschaft haben!« Mit dieser Aussage wird im 1. Johannesbrief (1,7) von einem Neben- oder gar Gegeneinander zu einem Miteinander aufgefordert. Das ganze Neue Testament ist geprägt vom »miteinander in Frieden zu leben« (vgl. 1. Thess 5,13), »Gemeinschaft zu halten« (vgl. Apg. 2,44) und dass »alle Dinge in Christus zusammengefügt werden« (vgl. Eph 1,10) Eine Verdichtung der Gemeinschaft mit Jesus geschieht beim Abendmahl und dieses dabei gegebene Vermächtnis holt die Christen noch heute zur Feier und zum Mahl zusammen.

Die Sehnsucht nach einem Miteinander ist groß und Beziehungen und Freundschaften haben in unserer technokratischen Gesellschaft einen hohen Stellenwert. Unübersehbar ist trotz alledem, dass immer mehr Menschen allein leben wollen oder müssen. Es spielt dabei sicher mit, dass das Zusammenleben in Gemeinschaften und Gruppen schwieriger geworden ist und von daher viele die Unverbindlichkeit in den Massen oder bei individuellen Beziehungen suchen. Aber dessen ungeachtet sind die allermeisten Menschen ständig auf der Suche nach Verbindlichkeiten und Gemeinschaften, in denen man sich wohl fühlen kann. Wer beispielsweise auch nur ein kurzzeitiges Seminar oder einen Kurs besucht, will meistens auch, dass die Beziehungen untereinander stimmen und ein Mindestmaß an Zusammengehörigkeitsgefühl aufkommt.

Den Anstoß und die Motivation für dieses Buch bekam ich von Menschen verschiedenen Alters und Herkünfte, die nach Arbeitsmaterial suchten. Ob für Meditation oder Gottesdienst, Seminar- oder Gruppenarbeit – am meisten wurde und wird etwas für den Gestaltungsbereich »Miteinander und Gemeinschaft« gesucht. Oft wird dabei auch gleich die Frage nachgeschoben, wie ein gutes Miteinander glücken kann.

Die Ideen und Materialien, die Texte und Methoden entstanden aus der Praxis mit Gruppen, bei Seminaren und Aktionen. Es ist ein Buch aus der Praxis für die Praxis; für die vielschichtigen Bemühungen zu einem guten Miteinander. Im ersten Kapitel dieses Buches werden jene Lebensbereiche hergeholt, die uns im Alltag und zur Feier begegnen: Beispielsweise beim Essen und im Brot, mit der Natur und den Tieren, im Schweigen und im Spiel. Im zweiten Kapitel wird nach der Gemeinschaft des Geistes gesucht, – denn der Mensch lebt nicht vom Brot allein.(vgl. Mt. 4,4) Und im letzten Kapitel geht es um Gemeinschaften im Alltag. Nach einer Hinführung zu jedem Thema, genannt »Zugang« folgen jeweils »Ansätze zum Handeln«, die für die Praxis aufbereitet sind. Die »Materialien zum Thema«, die auch immer Zitate zum Thema und Liedvorschläge beinhalten, sollen vertiefen und noch weitere Perspektiven aufzeigen. Jedes Kapitel schließt mit einem dazugehörenden Symbol, das für ein Thema steht, in Wort und Bild aufbereitet ist und Hinweise für einen Einsatz bringt.

Für ein gutes Miteinander!

JOSEF GRIESBECK

1. TEIL:

HABT GEMEINSCHAFT UNTEREINANDER

Gemeinschaft beim Essen

ZUGANG

Zum Essen und Trinken suchen die Menschen gerne Gemeinschaft und das nicht nur bei besonderen Feiern oder wenn man »zum Essen ausgehen« will. Besonders Kinder wollen und suchen das Miteinander. Mehr noch: In Familien mit religiöser Sozialisation drängen die Kinder darauf, dass ein Tischgebet auf ihre zugeschnittene Art gesprochen wird. Man darf vermuten, dass Kinder bei dieser verdichteten Form einer Verbindung von Menschen ein ganz natürliches Bedürfnis nach Gemeinschaft suchen und (er-) leben wollen. Aber auch die Erwachsenen brauchen und wollen das, wenn das auch oft nicht immer eingestanden wird.

In vielen Familien und Wohngemeinschaften kommen Tischgemeinschaften allerdings nur mehr bedingt oder selten zu Stande. Doch immer wieder zeigt sich, dass nicht selten das Verlangen nach einer Geste, einem Text oder einem Gebet vor dem gemeinsamen Mahl öfter vorhanden ist, als dies eingestanden und praktiziert wird.

ANSÄTZE ZUM HANDELN

Gesten und Zeichen
Bei oder nach glaubensorientierten Treffen, nach Meditations- oder Gottesdienstangeboten sitzen die TeilnehmerInnen zusammen und erwarten das gemeinschaftliche Mahl.
◆ Wenn alle Platz genommen haben, wird an jede dritte Person in der Reihe ein Stück Brot ausgeteilt.
»Wer gerade ein Stück Brot bekommen hat, soll es nun eine Weile in seiner Hand tragen zum Zeichen dafür, dass das Brot als Nahrungsmittel ganz wichtig ist und für alle Menschen reichen soll. Später sollst du es mit anderen teilen.«
◆ Jeder zweiten Personen wird nun in die offen aufgehaltene Hand eine Prise Salz gestreut.

»Wer nun das Salz in seiner Hand trägt, kann es befühlen und seine Beschaffenheit betrachten. Später kannst du es mit anderen zusammen probieren.«
◆ Den anderen TeilnehmerInnen wird je ein Glas Wasser gereicht.
»Alle anderen haben nun Wasser bekommen. Brot, Salz und Wasser sind Zeichen und wichtige Grundlagen unserer Nahrung. Wenn wir diese zu uns nehmen, vermengen sie sich und sie ergänzen sich.

Das kann uns ein Zeichen und Symbol dafür sein, wie auch Menschen in einem guten Miteinander sich austauschen, teilen und zusammenwirken.«
Teilt und esst! Freut euch und sucht die Gemeinschaft!«

Geben und Nehmen
Gerade im Essen zeigt sich, wie wichtig das Nehmen und Geben im Leben eines jeden Menschen ist. Für das Essen und Trinken sorgen sich viele Leute und sie gehören somit zu jenen, die geben. Besonders am Tisch kann sich das Geben und Nehmen zeigen: im Mithelfen vorher und nachher, im Warten aufeinander, in den Aufmerksamkeiten untereinander und auch im Reden und Zuhören.

Für das nachfolgende Tun sollten möglichst alle im Kreis sitzen.

»Wir könnten jetzt das Geben und Empfangen symbolisch einbringen. Dazu öffnen wir die rechte Hand und halten diese seitwärts nach oben.

Die linke Hand kommt vom Herzen und symbolisch damit jene Hand, die gibt. Wir legen die linke Hand in die rechte Hand der links von uns sitzenden (oder stehenden) Person.

Wir sind im Leben und auch jetzt beim Essen immer Gebende und Nehmende. Nehmt und gebt! Lassen wir es uns gut schmecken!«

Das Essen im Miteinander
Statt:
die einen kochen und die anderen lassen sich bedienen
oder: statt einer üblichen Arbeitsteilung der Vorbereitungen
einmal bewusst so gestalten, dass alle (3 – 6 Personen) miteinander
– planen
– einkaufen

- vorbereiten
- kochen
- den Tisch decken
- Getränke und Speisen bringen
- teilen und sich bedienen lassen
- abräumen
- reinigen/abspülen

Dagegen kann man viele Argumente einbringen, die wahrscheinlich gar nicht so falsch sein werden. Deshalb muss hier nach einem entsprechenden Impuls und Absprache diese bewusste Aktion von allen bejaht werden mit dem Ziel, einmal in sehr anschaulicher Weise das Miteinander zu erleben.

Das Spiel der Gemeinsamkeiten
Dieses Spiel kann nur dann sinnvoll eingesetzt werden, wenn die Voraussetzungen dazu stimmen (z.b. bei einem Seminar) und aus der gegebenen Thematik heraus eine solche Ausrichtung bewusst gewollt wird.
1 Alle sollen nachdenken, welche Speise sie am liebsten mögen.
2 Alle sollen sich jemanden suchen, der oder die dasselbe gerne mag. Wer niemanden findet, wählt eine andere Lieblingsspeise und sucht sich dann jemanden! Auch 3 oder 4 Personen können sich treffen.
3 Denkt darüber nach, an welchem Ort ihr diese euere Lieblingsspeise gerne einnehmen wollt!
4 Sucht ein Paar (oder die Gruppe), das denselben Ort wie ihr gewählt hat. Wenn ihr niemanden findet, dann wählt einen anderen Ort, der euch auch gefällt und sucht dann weiter!
5 Redet zunächst über diesen Ort! Dann einigt euch in dieser Gruppe, welche Nachspeise ihr am liebsten serviert bekommen möchtet!
6 Sucht eine Gruppe, bzw. schließt euch mit der anderen zusammen. Ihr sollt euch auf eine gemeinsame Nachspeise einigen!
7 Zusammen sollt ihr nun ein Getränk wählen, das alle mögen. Es kann sein, dass jemand sein Lieblingsgetränk nicht bekommt und trotzdem zustimmen kann; oder dass ein Mixgetränk bestimmt wird.
8 Versucht nun gemeinsam, dieses Getränk zu besorgen. Und dann: Zum Wohle!

Happening: arm – reich
Alle waren in einem Raum und wurden in »arm« und »reich« ausgelost. Für die »Reichen« wurde dann der Tisch festlich gedeckt. Zunächst wurde von einem »Ober« in feiner Manier Sekt gereicht und so ging es weiter. Einfach ein Leben in Saus und Braus. Die »Armen« mussten auf Zeitungen Platz nehmen, die am Boden ausgebreitet waren. Zum Trinken bekamen sie Wasser aus schäbigen Behältern und zum Essen gab es Reis ohne Zutaten. Die Erfahrungen beeindruckten und beim Nachgespräch wurde noch einiges deutlich:
– Die »Reichen« erzählten, dass sie sich in diese Rolle geradezu hineinsteigerten.
– So ließ beispielsweise ein »Reicher« absichtlich eine Serviette fallen und befahl dem Ober, diese aufzuheben. Oder: aus purer Hochmut bemängelte jemand ein angeblich schmutziges Glas.
– Es fiel auf, dass die Armen« es ganz locker nahmen und es ging lustig her. Jemand von den »Reichen« gestand hernach auch, dass er lieber bei den »Armen« gewesen wäre.

MATERIALIEN ZUM THEMA

Wir haben Hunger
nach Brot, nach Wein und etwas dazu
Wir hungern nach Begegnung und einem lächelnden Du.

Wir haben Hunger
nach einem Wort und einen liebenden Blick.
Ich hoffe, dass ich jeden Tag viel davon krieg`.

Wir haben Hunger
nach Frieden und Geborgenheit in Gott
für ein gutes Miteinander beim täglichen Brot.

Und in diesem Miteinander soll uns jetzt allen das Essen gut schmecken. Guten Appetit!

Zusammen sein
Wie schön, dass wir heut zusammen sind
und uns treffen jetzt in diesem Kreis.
Lasst uns fröhlich sein und wohlgesinnt
bei Trank und Speis, zu Gottes Preis.

Mit Wein und Brot
Nun sitzen wir zusammen
beim Wein und beim Brot.
Wir singen das Lob und sprechen das Amen
Im Miteinander leidet keiner von uns Not.

Gemeinsam haben
Was wir alle gemeinsam haben
ist der Hunger nach dem Leben.
Essen können, Sehnsucht tragen
und von unserem Gott den Segen.

Bekommen und geben
Niemand kann hier alleine leben,
wir bekommen und wir geben.

Das Essen von Vielen bereitet,
von Gottes Segen geleitet.

Darum danken wir jetzt und loben
der fein hat alles gewoben.

Der alles wachsen und reifen lässt;
er sei unser Gast jetzt beim Fest.

Denken und danken
Wir gedenken und danken
für den gedeckten Tisch.
Genug göttlicher Speisen vorhanden,
aus seiner Fantasie – verschwenderisch.

Wir danken und gedenken,
viele geben und sorgen.
Hinweis für Gottes reiches Verschenken,
in seiner Liebe sind wir geborgen.

Nicht allein sein
Ich will nicht gern alleine essen,
denn zusammen schmeckt es besser,
wenn es gute Freunde sind.

Ich will nicht gern alleine trinken,
denn ein guter Klang ist nur zu hören,
mit dem Glas von nebenan.

Ich will nicht gern alleine sein,
denn im Miteinander wächst die Freude,
und ein Geist, der das Leben schafft.

Ich will gern beim guten Essen,
an den Schöpfer allen Lebens denken,
und ihm ein Lied des Dankes bringen.

Bewegtes Tischgebet
Wenn man sich auf ein Tischgebet mit Rhythmik und Schwung einlassen will, dann soll es ein größerer Tischkreis sein. Die Anwesenden werden dazu in vier Kleingruppen eingeteilt. Möglich ist es aber schon mit vier Personen.

Wir klatschen nach der Melodie »We ‚ll rock you«: Zweimal auf die Oberschenkel (kurz) und einmal in die Hände (lang). Rhythmisch den Text dazu sprechen:

Tisch gedeckt,	Oder:
dass es schmeckt.	Iß und trink!
Friede sei,	Lobpreis sing!
mit dabei.	Nimm und gib!
	Guten Appetit!

Zuerst gemeinsam, dann im Kanon

Die Frage nach dem Tischgebet

Manchen Menschen ist das Tischgebet ganz wichtig und sie trachten danach, dies zu sprechen. Andere dagegen halten dieses Tun für überholt und lebensfremd. Überlegungen dazu:

◆ Viele Menschen freuen sich, wenn vor einem gemeinsamen Essen etwas geschieht, was den Geist anregt und die Menschen untereinander verbindet. Oft zeigt sich dabei der Hintergrund, dass das Miteinander im Essen eine Dimension und ein Abbild der Gemeinschaft im Geiste Jesu sein möge.

◆ Wenn viele im Kreise der Gemeinschaft sich innerlich dagegen sperren bzw. dies erahnt werden kann, soll ein »Tischgebet« nicht übergestülpt werden.

◆ Dem »Tischgebet« soll der Nimbus genommen werden, dass nun etwas Religiöses kommt und jetzt alle »fromm sein« müssen.

◆ Es gibt viele Möglichkeiten, vor dem gemeinschaftlichen Essen etwas zu tun, was alle nachvollziehen können: Stille halten – eine Handkette bilden und einen guten Wunsch zusprechen – einen Satz oder Text bringen, der alle anspricht – eine Geste zeigen oder austauschen – das Glas (Wasser/Wein) erheben und sich zuprosten – ein kurzes Lied singen mit dem Löffel in der Hand schauen alle sich in die Gesichter und zeigen ihre anwesende Freundlichkeit – ähnlich der Praxis aus südlichen Ländern ein Stück Brot teilen und essen – oder (nach jüdischer Sitte) sich die Hände waschen.

◆ Die verbreitete Praxis, vor dem Essen »Gott dem Geber« zu danken, ist für manche Menschen nicht nachvollziehbar. Bei dem Tischlied »Der du den kleinen Vogel speist...« merkte einmal ein größeres Kind an: »Nicht Gott speist den Vogel, sondern er selbst jagt nach Insekten, und diese Insekten sind auch Gottes Geschöpfe!« Auch wird die Vorgabe, danken zu müssen, nicht selten mit einem moralischen Touch gesehen.

◆ Das Tischgebet kann besonders beim Abendessen seinen Platz haben, wenn alle zuhause sind; oder am Sonntag beim Mittagessen.

◆ Zum Tischgebet sollen alle eingebunden werden, zum Beispiel der Reihe nach. Oft praktizierte »Privilegien« (Hausvater, Pfarrer, LeiterIn) fördern das Verständnis, etwas vor- oder aufgesetzt zu bekommen.

◆ Wenn bereits alle (warmen) Speisen auf dem Tisch stehen, ist oft die Motivation zum Tischgebet nicht sehr groß.

◆ Es gibt viele Sammelhefte mit Tischgebeten. Besser ist, wenn man sich eine eigene Sammlung zulegt und diese griffbereit hält.

Was man alles kann
Man kann mit dem Essen beginnen,
wenn die Suppe im Teller ist
und man kann auch warten,
bis alle Teller gefüllt sind.

Man kann die leeren Teller auch
nach dem Essen zusammenstellen:
Man kann aber auch warten,
bis alle mit dem Essen fertig sind.

Man kann das leere Glas erheben
und jemanden bitten, nachzufüllen.
Man kann aber auch darauf warten,
bis jemand fragend die Flasche zeigt.

Man kann allein am Tische sitzen,
ganz ungestört und Zeitung lesen.
Oder auch zusammen rücken
und im frohen Kreise sein.

Man kann so vieles machen,
oder auch ganz anders!

Essen, das für alle reicht
Eine Menge, die eine Person essen kann, kann auch unter zehn Personen geteilt werden. Aber eine Menge, die zehn Personen essen, kann ein einzelner Mensch nicht bewältigen.   *aus Afrika*

Für uns könnte das bedeuten:
  Wenn bei einem Büfett nichts mehr übrig bleibt, dann ist sicher nie-

mand mehr hungrig. Aber beim Anblick der vielen guten Speisen, die wir beim besten Willen nicht mehr schaffen, werden wir an das Übermaß erinnert.

Trinkspruch aus Spanien
Salute, Dinero, Amor. Mucho tiempo para disfrutarlo
(Gesundheit, Geld, Liebe. Und viel Zeit, um das genießen zu können).

Zitate
Tag für Tag verharrten sie einmütig im Tempel, brachen in ihren Häusern das Brot und hielten miteinander Mahl in Freude und Einfalt des Herzens.
Apostelgeschichte 2, 46

Eher muss man darauf achten, mit wem man isst und trinkt, als was man isst und trinkt.
Lucius Annaeus Seneca

Lieder
- Wenn jeder gibt, was er hat, werden alle satt   *Willms/Janssens*
- Viele Körner müssen reifen   *Berzheim, RPA*

SYMBOL: SALZ

Das Salz kann sich in seiner Struktur auflösen und Teil der Nahrung werden. Es bringt Geschmack und Würze. Aber es hat auch noch andere Eigenschaften: Als Streusalz kann es Gefrorenes auftauen, es brennt in einer Wunde, es kann zur Haltbarmachung von Speisen dienen, es leitet Nervensignale in unserem Körper weiter, steuert den Stoffwechsel und bildet Magensäure. Wenn man Salz in Wasser aufgelöst hat, dann kann dies durch Verdunstung des Wassers wieder in seinen ursprünglichen Zustand zurückgeführt werden.

So kann Salz in seiner Eigenschaft anschaulich werden: Bewusst zuschauen, wenn sich Salz in einem Glas Wasser auflöst. Anschließend das Salzwasser probieren.

Gemeinschaft im Brot

ZUGANG

Von allen Nahrungsmitteln ist das Brot das grundlegende und elementare »Ernährungs-Mittel«, aber auch Symbol des Teilens und für ein gutes Miteinander.
Im »Brot – Brechen« suchen Christen die Gemeinschaft untereinander und mit Christus.

ANSÄTZE ZUM HANDELN

Brotbacken mit Kindern
◆ Immer drei Kinder zusammen haben vor sich eine Schale mit Körnern (Roggen, Dinkel oder Weizen).
»Befühlt die Körner, lasst sie sacht durch die Finger rieseln!«

Wir schauen das Korn,
es ist vieler Arbeit Lohn.
Und wir loben Gott, der es schuf
und darum ertönt nun laut unser Ruf:
Alle: Korn, Korn, Korn – vieler Arbeit Lohn.

◆ Aus jeder Schale werden nun Körner genommen und in einer bereitstehenden Getreidemühle gemahlen.

Wir mahlen das Korn
und wir sehen auch schon:
gemahlen, vermischt und noch da
und doch nicht so, wie es einmal war.
Alle: Verändert, vermischt und noch da.

Alle bekommen in ihre Schalen ein wenig Mehl. »Befühlt es, riecht daran und ihr werdet feststellen, dass an eueren Fingern etwas haften bleibt, auch wenn ihr es noch so fest abzuschütteln versucht«.

◆ Mit Wasser und Salz wird etwas Teig angemacht.

»Wir haben mit der Grundlage Mehl einen Teig hergestellt. Dazu kommen muss noch der Sauerteig, der die Gärung für ein duftendes Brot einleitet. Dann muss das Brot in den Ofen kommen. Weil wir nicht so lange warten können, haben wir schon einige Brote im Ofen vorbereitet«.

Wir backen das Brot
und denken an Gott.
Er schenkt uns Brot und das Leben,
niemand kann uns Größeres geben.
Alle: Brot, Brot, Brot, dank dir unserm Gott.

◆ Drei zusammen bekommen ein Stück Brot.

Lasst uns nun teilen,
in Glück verweilen.
Wenn zwei oder drei so handeln,
wird Gott unsere Not verwandeln.
Alle: Wenn wir teilen , Ängste heilen.

Teilt das Brot miteinander und eßt es in Fröhlichkeit!

Lied:
Wo zwei oder drei in meinem Namen versammelt sind   *Gnadenthal*

Eine Brotmeditation
Oft gestalten wir das Miteinander in liturgischen oder liturgieähnlichen Feiern mit Brot zum Zeichen des Miteinanders und der Gemeinschaft; besonders bei Agapefeiern, beim traditionellen Emmausgang oder zum Abschluss eines gemeinschaftlichen Unternehmens.

Ich halte hier einen Laib Brot in der Hand. Ich habe diesen in der örtlichen Bäckerei erworben und ich bin nicht genau über die Herkunft und

den Werdegang informiert. Ich bringe daher einfach einige Gedanken, die uns zum Brot hinführen:
– Vermutlich kommt das Mehl für dieses Brot aus einer Großmühle. Das bedeutet auch, dass aus verschiedenen Gegenden unseres Landes die Körner zusammen gekommen sein können. Vielleicht auch aus drei verschiedenen Feldern verschiedener Besitzer.
– Sicher ist auch, dass die Grundbestandteile in diesem Brot verschiedener Herkunft sind: die Körner, das Salz, der Sauerteig, andere Gewürze...
– Beim Backvorgang wird der Teig geknetet. Kneten erinnert uns an drücken, formen und pressen. Alles, was sich formen muss, macht Bekanntschaft mit anderen Elementen des Lebens
– Ein Laib wurde geformt. Eine Einheit, vorübergehend für den Backvorgang und unsere Essensbeschaffung.
– Ein Laib Brot lädt ein zum Brechen, zum Schneiden oder zum Teilen.
– Das Brot, das wir kauen und verdauen, wandelt sich in uns zur Energie. Energie von Vielem aus dem, was die Erde uns gibt. Energie, die uns miteinander verbindet.

Gemeinschaftsbrot
Viele Körner und Gewürze liegen bereit.
Entweder kann man wählen, was man will oder es wird verlost.
Dann wird nacheinander immer einzeln von jeder Person das mit einer bereitstehenden Getreidemühle gemahlen (oder anderweitig zerkleinert) was gewählt wurde und in kleinen Schalen gesammelt.
Anschließend beginnt der Zusammentausch mit der Ausrichtung. Gehe zu anderen und mische das zusammen, was du in deinen späteren Teig vermengen willst.
Als Nächstes folgt, dass alle einen kleinen Teig erstellen und kleine Fladen formen. Auf einer bereitstehenden heißen Platte werden kleine Fladenbrote gebacken.
Es folgt das Probieren, Tauschen und Genießen.
Möglichkeiten von Körnern und Gewürzen:
Roggen, Weizen, Hafer, Dinkel, Gerste, Sonnenblumenkerne, Kümmel, getrocknete Zwiebel, Salz, Leinsamen, Kürbiskerne, Koriander.

MATERIALIEN ZUM THEMA

Tagebuch einer Scheibe Brot
Meine Vorfahren rieselten am 16. Oktober letzten Jahres über die Verteilerröhre einer vollautomatischen Sämaschine in das Ackerleben. Sie erzählten mir von dem Quellvorgang, von der Keimung in nebeliger Umgebung und von der Augenweide herbstlicher Saat. Nach ihrem Winterschlaf begannen sie mit dem Sprossen des Halmes. Im schönen Maienmonat wurden ich und meine Gewischter ins Leben geholt. Stolz stand die Ähre im wiegenden Kornfeld.

Juni
Geboren aus einem Samenkorn, so wachse ich, von Spelzen umgeben, mit Mehlkörper, die Kerbe an meiner ganzen Längsseite ist schon vorgeformt, bereit zum Aufbrechen für den Keimling im nächsten Jahr.

Juli
Von Tag zu Tag werde ich praller, und mein Leib trocknet zusehends. Mit meiner Schale schütze ich mich vor Regen und Wind.

August
Darf ich mich vorstellen: Ich bin ein fertiges Roggenkorn, 0,05 g schwer, ausgereift und bereit für die Erde – zur weiteren Vermehrung meiner Art. Als Zeichen dieser Bereitschaft hat sich meine Herberge, die Ähre schon tief zur Erde gebeugt.

Aber da rattert ja eine Maschine auf mich zu, die meine Vorstellung überhaupt nicht beachtet. Ritsch-ratsch, schon liege ich auf einem riesigen Blechmaul Ein Mähdrescher hat mich also eingefangen. Ich werde gerüttelt und umher geworfen, dass ich beinahe von Sinnen komme. Und ehe ich mich orientieren kann, befinde ich mich in einem riesigen Behälter unter lauter Leidensgenossen.

September
Ich muss mich in einem Lagerhaus befinden. In den letzten Tagen wurde ich von einer Höllenmaschine in diese Lagerhalle geblasen. Eigentlich kein schlechtes Winterquartier für mich!

Oktober
Es kam doch anders! Genügend getrocknet befinde ich mich gerade auf dem Weg zur Mühle. Unaufhaltsam wandere ich im großen Trichter auf die Mahlwerkzeuge zu. Ich werde zu Staub dieser Erde: Weltstoff Mehl.

November
Seit zwei Tagen befinde ich mich einer Dunkelzelle, angesetzt mit Wasser und Sauerteig, in einem warmen Zimmer. Endlich hat mein fades Mehldasein ein Ende.
Einen Tag später
Ich spüre das Zutun menschlicher Hände. Sie vermengen mich – ich durchsäuere. Alles ist voller Leben, porös und gärig ist mein Leib. Ich werde Brot. Schneidet euch eine Scheibe davon ab!

Hartes Brot

Die Jahre nach dem Krieg waren auch für unsere Familie mit einem kleinen Bauernhof und vielen Kindern nicht mit Reichtum gesegnet. Einmal im Monat wurde das Brot gebacken:

Bereits am Vorabend trug mein Vater einen Sack voll Mehl in die Küchenstube, schüttete dies in den aufgestellten Backtrog und meine Mutter setzte dann den Sauerteig an.

Bereits in der abendlichen Stubenwärme begann sich der Sauerteil zu entfalten und als wir Kinder morgens aus dem Bett und in die Stube kamen, sahen wir, wie unser Vater schwitzend und keuchend mit seinen Händen das Mehl mit dem Sauerteig vermengte und alles kräftig durchknetete.

Nach den Stallarbeiten und der Morgensuppe war es dann bald so weit, dass im großen Backofen außerhalb des Hauses das Holz geschichtet und dann abgebrannt wurde. Als die Backsteine genug aufgeheizt waren, wurde der Boden des Backofens mit einem nassen Reisigwisch säuberlich ausgekehrt. Alle halfen mit, die in Flechtkörben gelegten Brotlaibe heran zu tragen. Schnell musste dann das »Einschießen« der Laibe geschehen, damit nicht zu viel Hitze verloren ging. Nach einer Stunde Backzeit konnten wir es oft gar nicht mehr erwarten, bis das Brot so weit abgekühlt war. Wir drängten unsere Mutter, dass sie den ersten Brotlaib anschnitt – und manchmal gab es dazu frischen Butter.

Die etwa ein Dutzend großen und herrlich duftenden Brotlaibe wurden in der kühlen Vorratskammer auf der Brotleiter aufbewahrt. Es blieb nicht aus, dass nach zwei oder drei Wochen das Brot schon ziemlich hart geworden war. Einmal kamen unsere Eltern von der Waldarbeit nicht zur gewohnten Zeit nach Hause und wir hatten schon Hunger. Aber wir konnten den Brotlaib beim besten Willen nicht anschneiden. Ermuntert von meiner Schwester nahm ich eine Axt und wir bekamen auf diese Weise einige dicke harte Brocken ab. Die Mutter hatte eine bessere Methode: Sie schlug den harten Laib Brot in ein nasses Tuch ein und legte diesen auf das kalte Pflaster. So wurde die harte Brotkrume aufgeweicht.

Wenn wir abends um den großen Tisch saßen und das Gebet gesprochen war, schnitt unser Vater das Brot in Scheiben. Alle beteiligten sich dann, diese ausgetrockneten Brotscheiben in kleine Stücke zu brechen, um sie dann in die große Schüssel zu geben, die in der Mitte des Tisches stand und mit einer Milchmehlsuppe gefüllt war. Gemeinsam löffelten wir dann das inzwischen weich gewordene Brot aus der großen Blechschüssel.

Zitate

Es gibt Reichtümer, an denen man zu Grunde geht, wenn man sie nicht mit anderen teilen kann. *Michael Ende*

Ich bin das Brot des Lebens; wer zu mir kommt, wird nie mehr hungern.
(Joh 6,35)
Ist das Brot, das wir brechen, nicht Teilhabe am Leib Christi? Ein Brot ist es. Darum sind wir viele ein Leib, denn wir alle haben teil an dem einen Brot. *1. Kor 10,16-17*

Lieder

Wenn das Leben teilen, wie das täglich Brot *Rozier-Florenz/ Wackenheim*

Wenn das Brot, das wir teilen, als Rose blüht *März/Grahl*

SYMBOL: BROT

Alle haben sich ein Stück Brot genommen oder bekommen. Dann wird dazu aufgefordert: Teile dein Brot mit jemanden aus dem Kreis, mit dem oder der du noch wenig oder keinen Kontakt hattest. Brot für das Leben, Brot für ein Miteinander!

Gemeinschaft im Schweigen

ZUGANG

Im Schweigen liegt Kraft. Wenn ich auf eine freche Aussage nicht antworte, wird mein Gegenüber verunsichert. Wenn eine ganze Gruppe schweigt, ergreift einem Zuhörer ein Schaudern und bei einem Gegner kommt Angst auf.

Auch die andere Seite gibt es: Wenn jemand, eine Gruppe oder ein ganzes Volk schweigt, obwohl ein Unrecht zum Himmel schreit. Oder das lähmende Schweigen in U-Bahnen oder nach bitteren Erfahrungen.

ANSÄTZE ZUM HANDELN

Einklang

Allzu oft beginnen unsere Treffen mit Begrüßungsszenen, anregenden oder auch unverbindlichen Gesprächen. Oft wird dabei die anstehende Sache oder das zu erwartende Thema noch ausgeklammert, die Menschen bleiben mit ihrem Alltagsballast und möglichen Vorbehalten allein und ohne, dass sich ein Einklang mit den anderen ergeben kann. Aber auch beim stummen Ankommen vor Gottesdiensten und Meditationen ist oft noch kein Einklang gegeben, der Harmonie und Gleichklang verspricht. Wenn die Voraussetzungen passen und die Teilnehmer dieser Sensibilisierungs-Übung zustimmen, kann zu einer Übung zum Einklang eingeleitet werden:

Alle haben Zeit, ruhig zu werden und ganz zu sich selbst zu kommen. Man kann und soll die Stille spüren und sich in gespannter Gelöstheit auf sich und die Menschen im Raum konzentrieren: Ich nehme wahr, was mir momentan wichtig ist und versuche zu spüren, was mich mit den Anwesenden verbindet oder trennt. Ich lasse eigene Ängste zu und versuche mich langsam, auf alle anderen im Raum einzulassen und eine gewisse Grundschwingung herbei zu führen. Dauer: bis zu 8 Minuten.

Schweigegang

Es war ein Winterabend im Jugendhaus. Es herrschte gute Stimmung, aber auch viel Hektik; Radiolautstärken und auch einige Spannungen zeigten sich. Draußen fielen dicke Schneeflocken.

In dieser Situation brachte ich den Vorschlag für einen Schweigegang. Nach anfänglichen Vorbehalten und Skepsis waren die meisten dafür und die anderen wollten dann auch nicht allein im Haus bleiben.

Wir vereinbarten, dass alle 30 bis zur Baumgrenze (ca. 10 Minuten) schweigend gehen. Dann hat man die Wahl: Wer noch länger schweigend weiter gehen will, bleibt vorne an der Spitze. Wer glaubt, wenigstens gelegentlich ein Wort einzubringen, soll den nächst zurückliegenden Block nehmen und wer das Gespräch will, bleibt zurück auf den letzten Block. Dazwischen lagen immer freie Strecken von etwa 20 Meter. Alle Gruppen hatten eine Begleitung und diese kannten den Rundweg.

Wir gingen 45 Minuten lang und niemand wechselte von der Schweigegruppe nach hinten.

Ein Mädchen sagte nachher: »Ich habe zunächst gemeint, das halte ich nicht aus. Doch die Erfahrung, dass auch andere schweigen und das Schweigen wollen, hat mich ermutigt. Ich erfuhr dabei, dass es schön ist, mit Gleichgesinnten schweigend zu gehen und ich habe auch gemerkt, dass ich das Schweigen brauche.

Schweigegruppe

Mit einer Kindergruppe waren wir einmal an einem herbstlichen Nachmittag auf Wanderung. Klar, dass hier viel gelacht, geschubst und auch lautstark geredet wurde. Der Wind wehte über unsere Köpfe hinweg.

Ich blieb stehen und bald waren alle um mich versammelt und manche fragten, was los ist. Ich sagte meine Idee: 30 Sekunden ganz still sein und dem Wind lauschen. »Oh ja« und »toll« riefen gleich einige. Ein Kind wollte aber schon noch bemerken: »Aber ja nicht mehr als 30 Sekunden!«. Alles gut, ich schaute auf die Uhr und gab das Zeichen.

Wir gingen weiter und nur zögernd kam wieder das Gespräch in Gang. Momentan war ein Erfahrungsaustausch nicht möglich und hernach hatten wir keine Zeit dazu. Aber ich hörte, wie gleich danach so manches an Erfahrungen ausgetauscht wurde und auch Äußerungen, dass man so etwas öfter machen könnte.

Reden und Schweigen
Alles hat seine Zeit. Das Reden und das Schweigen. Gerade bei Konferenzen und Gesprächen kann man oft erfahren, wie sehr es einigen zum Reden drängt oder sogar andere unterbrechen. Und nicht selten ertappen wir uns dabei, dass wir auch im positiven Reden zum Beispiel über andere eigentlich uns selbst meinen. Im Schweigen und Zuhören kann ich loslassen und die Wirklichkeiten in mir und zur Sache besser aufnehmen.
Eine Spielregel zum Reden und Schweigen:
Reden kann nur die Person, die einen Ball in der Hand hält. Wer weiterreden will, muss sich beim gerade Sprechenden bemerkbar machen und den Ball zugespielt bekommen.
Oder: Wer reden will, muss sich auf einen Stuhl setzen, der deutlich getrennt von den anderen steht.

MATERIALIEN ZUM THEMA

12 Uhr Mitternacht
Es war ein wunderbarer Tag. Julia kam mit dem ersten Morgenzug nach Kassel, um Florian zu treffen, den sie vor einigen Monaten in München kennen gelernt hatte. Schon oft hatten sie sich am Bahnhof tränenreich verabschieden müssen und dann trennten sie 400 Kilometer für einige Wochen voneinander. In den vielen Tagen und Nächten der Trennung blieb nur das Telefon und die Postverbindung.
Heute saßen sie sich wieder einmal am kleinen Küchentisch gegenüber. Noch eine halbe Stunde bis zur Abfahrt. Zwei Augenpaare flossen ineinander, die Hände gegenseitig im Gesicht zum Streicheln und Kosen. »Ich habe diese zwei Kerzen mitgebracht«, flüsterte Julia. »Eine lasse ich hier stehen. Heute um 12 Uhr Mitternacht entzünden wir diese.« »Ja« willigte Florian ein, »wir entzünden gleichzeitig diese zwei Kerzen; wir können uns nicht sehen und miteinander regen, aber mit diesem Licht werden wir uns ganz nahe sein!«

Das Schweigefasten
Jeden Freitag ist Treffpunkt. Treffpunkt für sieben herangereifte Jugendliche um das Volljährigkeitsalter. Es war in der 9. Klasse, als diese Clique

entstand und seit dieser Zeit verbringen sie viel ihrer Freizeit gemeinsam. Jedenfalls Freitag abend ganz bestimmt. Manchmal gehen sie zum Essen aus, dann und wann besuchen sie ein Kino und seit die ersten den Führerschein haben, sind auch andere Orte in der Umgebung ihre wöchentlichen Ziele.

Es war am Freitag vor dem Faschingswochenende. Man muss wissen, dass für diese sieben Faschingsveranstaltungen längst out sind und Maskenverkleidungen sogar mega-out. Alle waren gekommen und in einem Brauereigasthof hatten sie mühelos einen Tisch für alle gefunden, denn die meisten Leute besuchten an diesem Tag die Faschingsbälle der Umgebung. Nachdem wieder einmal die Gläser zum Prosit angestoßen waren, philosophierte Laura, wie so oft, vor sich hin: »In ein paar Tagen beginnt die Fastenzeit. Der Rummel ist dann vorbei und dann geht es auf zum Karpfenessen!« Laura gilt als Quasseltante; immer und zu jeder Sache hat sie etwas anzumerken. Mehr als 3 Sekunden Schweigen kann sie nicht aushalten. Die anderen finden das teilweise ganz amüsant, aber gelegentlich geht das einigen in der Runde ganz schön auf die Nerven. Tobias legte einmal fünf Mark auf den Tisch und sagte: »Stifte ich, wenn du einmal 5 Minuten nicht redest!« An diesem Abend jedoch, an den Tagen des Hochfaschings, ließ man Laura großzügig gewähren. Sie erzählte auch sogleich, was sie sich für die Fastenzeit vorgenommen hat, aber wahrscheinlich doch nicht einhalten wird. Als Laura tiefer Luft holen wollte, ergriff Kai blitzschnell seine Chance und berichtete, dass er mit seinem Freund eine Wette abgeschlossen hat. Einen ganzen Monat wollen sie keine Zigaretten rauchen. Nicht wegen der Fastenzeit! Von diesen festgelegten Zeiten hält er nicht viel. Letztes Jahr hatten sie schon einmal 10 Tage durchgehalten und dabei nur einmal den Vorsatz gebrochen. Aber das war an einem Abend, als er nicht mehr ganz nüchtern war und das sei verzeihlich.

Laura nützte den leisen Anflug von Lachen der anderen, um mit ihren Erzählungen fortzufahren: »Früher haben die Leute noch gefastet. Karl der Große ließ das Fleischessen an Fasttagen mit dem Tode bestrafen. Nur der Adel hat sich herumgedrückt, indem man Karpfen und Schnecken zu nichtfleischlichen Speisen erklären ließ. Auch Froschschenkel, Schildkröten und Lachs kamen dazu. Und erst beim Bier...« Laura musste den Redefluss stoppen, denn beim Stichwort Bier sollten wiederum die Gläser klingen. Schneller als sonst trank Uwe, um vor Laura zu Wort zu kommen:

»Genau, Starkbier! Das haben die Paulaner eingeführt, weil sie wegen dem harten Fasten ein stärkeres Bier nötig hatten. «Er wartete das Ende der Kicherer nicht ab, um ja Laura keine Redechance zu geben: »Sie haben das Bier mit Pferdewagen über die Alpen geschafft, um beim Papst eine Genehmigung für diesen Doppelbock zu bekommen. Auf Grund der Temperaturschwankungen war das Bier bereits sauer, als der Papst es probierte. Klar, dass dieses dann erlaubt wurde!« Laura benutzte die nachdenkliche Sekundenpause, um eine bierselige Geschichte einzufädeln. Aber Silke hatte den Mut, sie gleich zu Beginn zu unterbrechen: »Ich habe eine Idee!« Eine ganz tolle Idee. Das könnte ein modernes Fasten werden. Laura könnte einmal ein Wochenende lang mit dem Reden fasten!«

Jetzt wurde es still am Tisch der Sieben. Einige prusteten klammheimlich vor sich hin und unterdrückten das Lachen. Andere warteten gespannt auf die Reaktionen von Laura. Laura schaute sich in der Runde um und wusste nicht, ob sie mit irgendwelchen Sätzen diese Situation überreden oder zum allgemeinen Lachen herausfordern sollte. Sie entschied sich für eine Nachfrage: »Rede ich wirklich so viel?« Es folgten im Gewirr verschiedene Aussagen: »Und ob« und »Ha, ha, ha«. Auch: »Wohl eine rhetorische Frage?« usw. Darauf Laura: »Also gut, ich mache mit! Wann soll es sein?« Diese Sachlichkeit überraschte alle in der Runde und schnell stellte man sich auf Realitäten ein: »Gleich am ersten Fastenwochenende! – von Freitag abend bis Sonntag abend« meinte Silke und Tobias ergänzte: »Wir begleiten dich natürlich!«

Und so war es dann auch: Fast das ganze Wochenende waren die sieben beisammen und gaben vor, Laura zu bestärken. In Wirklichkeit hatten sie ganz andere Absichten. Sie wollten das Schweigen von Laura genießen. Wollte diese ein Taschentuch, musste sie sich mit der Zeichensprache behelfen. Ausgemacht war auch, dass sie lachen durfte, solange sie wollte. Aber kein Wort! Wenn sie das Schweigen bricht, muss sie zur Strafe zwei Stunden vor dem Rathaus sitzen und wie die Durchreisenden der Stadt betteln. Daniel, der jüngere Bruder von Laura, wurde eiligst informiert und dieser wachte natürlich liebend gern zuhause, ob Laura nicht versehentlich die Sprache benutzte. Ihre Eltern nahmen dieses Fastenspiel ebenso amüsant auf. Dann hatte es Laura geschafft. Am Sonntag abend durfte Laura 10 Minuten ununterbrochen reden und alle hörten ihr ganz aufmerksam zu.

Schweigen

Wenn die Motoren lärmen,
bleibt uns nur das Schweigen.
kein Gespräch will sich erwärmen
alle müssen das erleiden.

Wenn das nahe Ende droht,
bleibt uns nur das Schweigen.
Worte vermehren nur die Not!
Lieber schweigend Trauer zeigen.

Wenn Gebete nur rotieren,
bleibt für Gott das Schweigen.
Will man sich in Leistung zieren,
wird es nur beim Reden bleiben

Einfach zum Nachdenken

Friedrich II. wurde von seinem ehemaligen Erzieher, General von Kalckreuth, kurz vor Beginn des Ersten Schlesischen Krieges gefragt, worauf die Truppenbewegungen abzielten. Der König erkundigte sich: »Kann er schweigen?« Entschlossen gab von Kalckreuth zur Antwort: »Unbedingt Majestät!« Darauf der König: »Ich auch.«

Jessica, 17 Jahre alt
»Ich mache derzeit ein Praktikum als Familienhelferin. Es fällt mir auf, dass alle Kinder bis zur Schmerzgrenze schreien, auch wenn sie nur einfache Mitteilungen machen wollen. Neulich war die Mutter heiser und siehe da, auch die Kinder redeten leiser.«

Zitate

»Statt schweigend zu reden, sollten wir redend schweigen«.
Hl. Benedikt

Ich glaube an die Kraft des Gedankens mehr als an die Kraft des geschriebenen oder gesprochenen Wortes. Und wenn in der Bewegung, die ich zu repräsentieren versuche, Lebenskraft und über ihr der Segen Gottes ist, dann wird sie die ganze Welt durchdringen, ohne dass sie in allen Teilen der Welt physisch anwesend sein müsste. *Mahatma Gandhi*

Schweigen ist die Stimme der Menschen, die überzeugt sind.
Dagobert Runes

»Durch das Reden werden die Emotionen immer wieder aufgewirbelt, im Schweigen können sie sich setzen. Ähnlich verhält es sich beim Wein: Durch stilles Lagern setzt sich das Trübe und der Wein wird klar«
Anselm Grün

Das rechte Wort kommt aus dem Schweigen, und das rechte Schweigen kommt aus dem Wort. *Dietrich Bonhoeffer*

Lieder
Schweige und höre *aus England/Hermes*
Schweigen möchte ich, Herr *unbekannt*

SYMBOL: KLANGSCHALE

Klangschalen kommen vorwiegend aus Tibet und werden dort für Zeremonien und zur Heilung verwendet. Sie werden in einem Prozess, der mehrere Jahre in Anspruch nimmt, in Handarbeit hergestellt und intuitiv auf die Oktavobertöne der Planeten in unserem Sonnensystem eingestimmt. Die Legierung besteht aus 7 bis 12 Metallen, u.a. Silber und Gold, die vor der Verarbeitung drei Tage bei Vollmond ins Freie gelegt wird, damit sie dessen Energie aufnimmt.

Der Klang der Schalen erleichtert den Eintritt in einen tiefen Zustand der Meditation und Entspannung und regt die Selbstheilungskräfte an.

Wenn keine Klangschale vorhanden ist, kann auch ein Gong, ein Eisenrohr oder eine Triangel für folgende Kurzmeditation verwendet werden:

Wenn alle zur Ruhe gekommen sind, wird diese angeschlagen und alle hören solange, bis nichts mehr zu hören ist. Anschließend soll noch einige Zeit im Schweigen verharrt werden.

Miteinander im Advent

ZUGANG

Zu keiner Zeit im Jahr sind die Menschen so fieberhaft auf einen ganz bestimmten Termin hin fixiert, wie von November an auf Weihnachten. Es hat den Anschein, als würde dieses Fest das »non plus ultra« sein und das Ziel aller Bemühungen im ganzen Jahr.

Die Stimmung und das Verhalten der Menschen ist in der Adventszeit auf »Besinnlichkeit« gerichtet, obwohl gerade in dieser Zeit nicht wenigen die Termine zu erdrücken scheinen. Und vielleicht gerade deswegen sehnen sich die meisten in dieser Zeit nach Beschaulichkeit bei Kerzenschein, nach einer warmen Stube und mit Menschen zusammen zu sein in frohgeselligem und gemütlichen Kreis.

ANSÄTZE ZUM HANDELN

Das Einsamkeitsspiel

Das Wort Einsamkeit rückt besonders in der Adventszeit mehr in den Vordergrund. Weil es draußen kalt und lange dunkel ist und auch, weil Weihnachten vor der Tür steht.

In einer kleinen Gruppe kann man der Einsamkeit spielerisch nachspüren:

In einem größeren Raum mit gedämpftem Licht sollen alle sich einen Platz suchen und dort einsam und schweigend verharren. Gut ist es, wenn dies durch Hinweise der Leitung verstärkt wird. Alle können und sollen sich an ihrem Platz der Einsamkeit bewusst werden und auch ihre kleinen und größeren Einsamkeiten im Leben herholen. Wichtig ist, dass das schweigend geschieht (5 Minuten).

Dann kommt der Hinweis, sich allmählich aus der Isolierung zu lösen. Ganz langsam: sich herum sehen, aufstehen, Blickkontakte zu suchen.

Wenn es dann Zeit ist, lautet die Aufforderung: Rückt nun so eng wie möglich in die Mitte zusammen!

Und schließlich: Legt nun die Nähe und die Distanz für euch fest! Setzt oder stellt euch dorthin, wo ihr für euch sein könnt und trotzdem gute Kontakte habt! Auch zwei können miteinander das für sie probieren. Nachher treffen sich alle im Kreis und tauschen ihre gemachten Erfahrungen aus und spüren ihren Gefühlen nach.

Das Geschenkspiel

Die dringlichste Frage vieler Menschen im Advent ist, welche Geschenke man besorgen soll. Dieses Spiel sensibilisiert dazu und bringt zudem gute Ideen.

Die Losung heißt: Welche Weihnachtsgeschenke mag ich am liebsten? Alle schreiben mindestens fünf Geschenke auf je einen Zettel und zwar ohne Namen und am besten in Druckschrift. Auch kann noch gelten: Wenn vermutet werden kann, dass dieses Geschenk auch von anderen aufgeschrieben wird, soll zusätzlich ein beliebiges Zeichen als anonymen Hinweis zur Person hinzugefügt werden.

Die Zettel kommen in einem Behälter und werden dann durchgemischt. Man kann es reihum machen. Ruth beginnt, zieht einen Zettel und sagt dann ihre Vermutung, wer diesen Zettel ihrer Meinung nach geschrieben hat. Stimmt es nicht, muss sie den Zettel wieder in den Behälter zurücklegen. Stimmt es, lässt sie diesen bei sich liegen und die nächste Person ist an der Reihe.

Wenn das Spiel zu Ende ist, dann sind genug Ideen verstreut worden, die vielleicht auch Wirklichkeit werden können.

Das Luciaspiel

Am 13. Dezember ist das Fest der Heiligen Lucia. Besonders in nordischen Ländern wird sie als Lichtbringerin gefeiert. Dem Brauch nach bereiten an diesem Tag die Kinder des Hauses das Frühstück und tragen dabei einen Kerzenkranz auf dem Kopf.

In der Adventszeit können auch wir anderen Menschen Gemeinschaft untereinander anzetteln; ein Licht für andere in Form einer Zuwendung bringen. Wer mag mitspielen?

Beschreibung:
Die TeilnehmerInnen sitzen im Kreis und man kann eine Geschenkkarte (aus vielen vorbereiteten) ziehen.
Andere Möglichkeiten, wie man zu einer Geschenkkarte kommt, sind:
- Es wird reihum gewürfelt. Wer eine Eins oder eine Sechs würfelt, kann sich eine Karte ziehen.
- Es kann die Methode des »Flaschendrehens« angewendet werden. Auf wen der Flaschenhals zeigt, darf eine Karte ziehen.
- Aber noch viele andere Auswahl-Methoden gibt es!

Das könnte auf einer Karte stehen:
- Ich rufe am Sonntag vor Heiligaben N.N. an.
- Ich überspiele N.N. eine meiner Lieblings-CD, die er/sie noch nicht auf Kassette hat.
- Ich helfe N.N. nächste Woche bei einer Arbeit nach Wunsch.
- Ich bastle eine Laterne und schenke sie jemanden, den ich gerne mag.
- Ich helfe der oder dem LeiterIn beim Vorbereiten des nächsten Abends.
- Ich bringe meiner Mutter Barbarazweige.
- Ich besorge mit meinem Freund für unser nächsten Treffen die Getränke.
- Ich mache am nächsten Samstag zuhause das Frühstück.
- Ich bastle ein Freundschaftsband und schenke es einer Person aus diesem Kreis.
- Ich bin ein Adventswichtel und beschenke eines meiner Nachbarskinder.
- Ich bemale einen Stein und schenke diesen einer/einem Arbeits-/ KlassenkameradIn.
- Ich erledige für jemanden (z.B. Oma) das Einkaufen.

Der weiteren Einfälle sind keine Grenzen gesetzt!

Die Zaubernuss

Zu diesem Spiel sitzen alle im Kreis. In der Mitte liegen auf einem Teller 5 – 7 Nüsse. Außerdem gibt es noch einen Vorratshaufen.

Eine Person dreht sich um und die anderen einigen sich klammheimlich auf eine Nuss auf dem Teller. Wenn diese dann erraten wird, darf man sie behalten.

Die Versöhnungsbrücke

Ein weiteres wichtiges Wort in der Adventszeit ist »Frieden«. Der Frieden entsteht aber meistens nur dadurch, dass man aufeinander zugeht und Brücken baut.

Wir bauen mit leeren Streichholzschachteln. Zwei bis sechs Personen teilen sich in zwei Gruppen, sitzen sich gegenüber und bekommen viele leere Streichholzschachteln. Die Aufgabe lautet: Baut eine Brücke und beginnt damit, dass ihr auf euerer Seite den ersten Pfeiler setzt! Stabiler wird alles, wenn man die Streichholzschachteln halb öffnet und diese dann ineinander steckt.

Es soll also nicht miteinander eine Brücke gebaut werden, sondern jeweils von zwei Seiten zueinander. Nachher gibt es einen »heißen Friedenstrunk«!

Das Spiel im Dunkeln

Um diese Zeit ist es bereits nach Arbeitsschluss draußen schon dunkel. Wenn man dann jemanden trifft und keine ausreichende Beleuchtung vorhanden ist, hat man Mühe, diese Person zu erkennen. Bei diesem Spiel geht es darum, dass man schnell erkennt, wer aus der Runde fehlt.

Es sollen wenigstens 8 Personen und höchstens 30 Personen sein, die sich in einem Raum aufhalten. In allen anderen nebenstehenden Räumen soll das Licht gelöscht sein.

Alle gehen langsam im Raum umher und dann wird das elektrische Licht gelöscht. Die Spielleitung mischt sich unter die Reihen, nimmt jemanden bei der Hand und führt diese Person nach draußen. An der Tür soll die entführte Person der Spielleitung leise den Namen ins Ohr flüstern. Dann wird im Raum das Licht angemacht und die Frage lautet: Wer fehlt? Das kann noch oft wiederholt werden.

Familienpunsch

Das Miteinander in einer Familie oder wenn in einem Kreis Kinder und Erwachsene beisammen sind, kann auch ihren Ausdruck darin finden, dass alle dasselbe trinken. Es soll ein Getränk sein, das alle mögen und wenn Kinder dabei sind, nicht alkoholisch ist.

Zutaten (für ca 10 – 15 Gläser)
1/2 l Wasser, 50 – 100 g Zucker, 1 Teebeutel, 1 Stückchen Stangenzimt, 1/2 l Apfelsaft, 2 Gewürznelken, Saft von 2-4 Orangen, etwas unbehandelte Zitrone, Saft von 1 – 2 Zitronen

Zubereitung
Das Wasser zum Kochen bringen und darin den Teebeutel 3 Minuten ziehen lassen. Dann alle andere Zutaten ohne den Zucker getrennt erwärmen – nicht kochen! Dann beides vermischen und nach Geschmack süßen.

Adventsbrot
Manche Menschen backen gerne zuhause Brot. In der Adventszeit kann das für ein gemütliches Treffen gebacken werden, bei dem das Miteinander besonders zum Ausdruck kommt.

Dabei wird eine Kuchenform verwendet und der Teig in kleinen Portionen eingelegt, so dass es dann wohl ein großes Brot wird, aber in mehrere Einzelteile leicht auseinander gebrochen werden kann. Hinzu kommt, dass alle ihre Lieblingsgewürze wählen dürfen, die auf den Teig aufgestreut werden.

Wenn das Brot in der Runde angebrochen und zum Probieren geteilt wird, dann zeigt sich besonders das Miteinander und ebenso die persönliche Geschmacksrichtung jedes Einzelnen.

Möglichkeiten von Gewürzen:
Sonnenblumenkerne, Kümmel, getrocknete Zwiebel, Salz, Leinsamen, Kürbiskerne, Koriander.

MATERIALIEN ZUM THEMA

Komm herein
Komm herein und schließ die Tür,
draußen weht ein eisig Wind.
Komm aus dem Nebeltag und sprich mit mir,
wenn wir im Kreise hier zusammen sind.

Setz dich an den Tisch, die Kerze brennt;
auf den Straßen wohnt Finsternis.
In Dezembernächten sich ein jeder sehnt,
nach Geborgenheit und dass Friede ist.

Sag mir ein Wort, bevor der Docht sich neigt,
das mich in die nächsten Tage trägt!
Das auch Licht für ein neues Leben zeigt
und mit mir durch dunkle Wege geht.

Zum Nachdenken
Motive des Schenkens
◆ Wer nicht nur geben, sondern schenken will, der beschäftigt sich mit der Person, die das Geschenk bekommen soll. Dazu muss man viel beobachten und auch nachdenken, was wohl für ihn oder sie passen würde und was gefallen könnte.
◆ Wer schenkt, gibt ein Stück von sich selbst mit. Deutlich wird dies oft durch ein selbsterstelltes Geschenk. Die beschenkte Person hat gleichsam ein wenig vom Geist des Schenkenden erhalten, die dauernde bzw. immer wiederkehrende Verbindung hergestellt.
◆ Der so beschenkte Mensch weiß, dass er beachtet und gemocht wird und spürt, dass andere sich Mühe gegeben und nachgedacht haben. Kein noch so teures Geschenk kann das aufwiegen!

Das Petroliumlicht
Erst 1946 wurde in unser entlegenes kleines Bauernhaus im oberen bayerischen Wald die Stromleitung gelegt. Bis dahin saßen wir an den Winterabenden im einzigen geheizten Raum des Hauses im Schein einer kleiner Petroliumlampe. Während die anderen die Stallarbeiten verrichteten, saßen wir um diesen kleinen Schein und verrichteten unsere Hausaufgaben. Kerzen waren in der Nachkriegszeit teuer und eine solche wurde nur angesteckt, wenn wir noch zu finsterer Morgenstunde zur Rorate gingen, der Frühmesse in der Adventszeit. Mit einer alten Blechlaterne stapften wir oft auf den vom Schnee verwehten Wege zu unserer Bergkirche.

Die Petroliumlampe steht heute noch in meinem Arbeitszimmer und erinnert mich an das Licht in der Winterszeit der Kinderjahre. Oft stecke ich eine Kerze an und manchmal entzünde ich auch ein Lichtermeer und schaue den Glanz der vielen Lichter. Aber manchmal drängt es mich, diese kleine Lampe aus der Kinderzeit zu entzünden. Die Öllampen von heute, die inzwischen obligatorisch auf den Tischen in zumeist hell erleuchteten Gasthäusern stehen, mag ich immer weniger.

Die vielen Pakete

Jedes Jahr bekam Herr Körner eine Menge Weihnachtspost. Es staunten nicht nur die Brief- und Paketboten, es staunten auch die Nachbarn, die Arbeitskollegen und Bekannten, bei denen Herr Körner so ganz beiläufig seine Weihnachtspost erwähnte. Doch alle Postsendungen wurden von Herrn Körner selbst in Auftrag gegeben. Schon ab Mitte November hatte er alle Hände voll zu tun, denn nicht jede Weihnachtssendung konnte verständlicherweise aus demselben Ort abgeschickt werden. Jeder von uns kann sich gut vorstellen, wie der Heilige Abend bei Herrn Körner aussah. So viele Geschenke bekam niemand weit und breit. Die originellsten und schönsten Weihnachtskarten lagen aufgereiht unter dem Christbaum. Pakete in Fülle konnte Herr Körner an diesem heilbringenden Abend öffnen und alle Zusendungen erfüllten genau seine Wünsche und Hoffnungen. Sagt selbst, es gibt wahrscheinlich kein Kind und keinen Menschen auf der Welt, der je so viel Beachtung und Zuwendung am schönsten Fest des Jahres bekam!

Zitate

Ein Licht leuchtet in der Finsternis. Es ist das Licht, das allen Menschen leuchtet, die in diese Welt gekommen sind. *nach Joh. 1. 5 – 9*

Alle Lichter, die wir anzünden, zeugen von dem Licht, das da erschienen ist in der Dunkelheit. *Friedrich von Bodelschwingh*

Lieder

Das Licht einer Kerze *Krenzer/Janssens*
Ein Licht leuchtet auf *Krenzer/Jöcker*

SYMBOL: NUSS

Unter einer harten, fest verschlossenen Schale ruht in Finsternis und abwartend der Walnusskern. Wenn das Frühjahr kommt, dann entwickelt er eine ungeahnte Sprengkraft und aus einem winzigen Spalt treibt er seinen Spross. Die Nuss kann als Symbol des Wartens in der Finsternis gesehen werden. Und wir wissen: In ihm ruht die Fähigkeit, zu einem mächtigen Baum.

Wenn wir im kleinen Kreis Nüsse essen, dann versuchen wir, mit einem stabilen spitzen Messer einen Spalt zu öffnen und zwar so, dass es zwei halbe Nussschalen und einen unversehrten Kern gibt. Vor dem Verzehr betrachten wir den Samen der Nuss.

Gemeinschaft am Feuer

ZUGANG

Fast alle Menschen wollen und suchen in der Sommerzeit die Lagerfeuerromantik und besonders in der Adventszeit das Kerzenlicht. Wir wissen, dass das Feuer unsere Umgebung erleuchten und erwärmen, aber auch zerstören kann.

Das Feuer als psychische Energie wird vielfach als Symbol des Göttlichen gesehen und dieses gibt uns den Hinweis, dass dort Leid und Dunkelheit herrscht, wo kein Licht ist.

Im Hebräerbrief erscheint Gott im Bild eines verzehrenden Feuers und Johannes der Täufer weissagt vom Messias, dass er mit dem heiligen Geist und mit Feuer taufen werde.

Wer allein oder in Gemeinschaft schweigend in die Flammen schaut, wird in die Welt des Unbegreiflichen getragen.

ANSÄTZE ZUM HANDELN

Brot und Feuer
Große und kleine Menschen mögen gerne am offenen Feuer sitzen und dann kommen nicht selten die Bedürfnisse nach dem, was jeder Zivilisation längst entrückt ist: am offenen Feuer etwas zubereiten. Eine Möglichkeit ist, ein so genanntes Stockbrot zu backen. Und so geht es:

Wer mag, kann sich einen etwa 1 Meter langen Stock besorgen und an einem Ende einen eigens zubereiteten Brotteig kugelförmig aufstreichen. Dann wird dieser über der Glut (nicht Feuer!) gehalten und immer wieder gedreht, bis das so genannte Stockbrot von allen Seiten her braun und knusprig ist.

Rezept (für etwas 10 Portionen)
500 g Mehl, 1 Päckchen Trockenhefe, 200 ml Wasser 1 Ei. , 5 g Salz
Gewürze nach Geschmack (z.B. Koriander, Kümmel)

Alles wird in einer großen Schüssel gemischt und durchgeknetet. Den Teig dann etwa 30 Minuten in warmer Umgebung ruhen lassen. Noch einmal durchkneten und dann faustgroße Portionen abbrechen und diese dann auf die Spitze eines Holzstabes stecken.

Je nach Situation und Atmosphäre kann auch dazu aufgefordert werden: Tauscht untereinander das Brot. Beim Essen zu mitternächtlicher Stunde wird die Gemeinschaft wachsen!

Feuertrunk
Wenn die Feuerglut sinkt und sich die nächtliche Kühle ausbreitet, wird ein heißes Getränk von den Feiernden am Feuer nicht nur freudig begrüßt, ein »Feuertrunk« wird auch das »Feuer der Gemeinschaft« entfachen.

Heißer Tee ist eine Möglichkeit. Dazu kann je nach Belieben (oder Alter) auch Rum beigegeben werden. Eine besondere Sache ist beispielsweise der einer Erkältung vorbeugende Holunderlikör.

Rezept:
2 kg Holunderbeeren, 2 l Wasser, 1 kg Zucker, 3/4 l Rum

Die Holunderbeeren werden gewaschen und dann zusammen mit dem Wasser 1/2 Stunde gekocht. Dann die Beeren abseihen und den Saft mit dem Zucker verrühren. Die Flüssigkeit noch einmal 1/2 Stunde kochen, vom Herd nehmen und den Rum zugeben. Der Likör wird nun bis zum Rand in vorgewärmte Flaschen gefüllt und gut verschlossen ist er haltbar.

Vor dem Servieren erhitzen (nicht kochen!) und servieren. Auch eine nichtalkoholische Version ist möglich: Reinen Holundersaft erhitzen und mit Kandiszucker und anderen Gewürzen abschmecken.

Sonnwendfeuer-Tanz
Besonders um die Zeit der Sonnenwende in der zweiten Junihälfte werden kleine und größere Feuer entzündet, um die Wende von der Abnahme von Tag und der Zunahme der Nacht zu feiern. Die Kirche hat vergeblich versucht, diesem aus dem germanisch stammende Brauch eine christliche Note zu geben nach der Vorgabe von Jh. 3,30: »«Er muss wachsen, ich aber muss abnehmen« (gemeint war, dass bis Weihnachten das Licht Jesu wachsen muss).

Wie es auch sei, ein Sonnwendfeier muss nicht zum Volksrummel verkommen. Etwas von dem Geheimnis des Sonnenlaufes und der (immerwährenden) Wende im menschlichen Leben soll und kann zur Geltung kommen. Zum Beispiel in einem »Sonnwendfeuer-Tanz«
Es sollen wenigstens 6 und nicht mehr als 40 Personen sein und eine Hinführung ist ganz wichtig.
– Heute ist der Tag der Sonnenwende. Der Tag wird kürzer und die Nacht länger. Wir können diese Wende in der Natur und auch in und mit uns im Tanz nachvollziehen. Das hat auch den Vorteil, dass wir von allen Seiten vom Feuer aus der Mitte erwärmt werden.

Erster Teil
– Wir fassen zum Kreis durch und beginnen mit dem linken Fuß:
– 4 Schritte nach rechts (gegen den Uhrzeigersinn)
– 4 Schritte nach links
– 4 Schritte zur Mitte
– 4 Schritte rückwärts

Zweiter Teil
– Hände loslassen und in 4 Schritten eine Drehung nach außen
– wieder bei den Händen fassen und 4 kleine Schritte nach außen, wieder beginnend mit dem linken Fuß
– 4 Schritte rückwärts und wieder die Hände fassen
– 4 Schritte nach rechts (im Uhrzeigersinn)
– 4 Schritte nach links
– Hände loslassen und in 4 Schritten zur Mitte drehen.

Von vorne
(dazu eine passende und nicht zu schnelle Musik auswählen)

MATERIALIEN ZUM THEMA

Feuersegen
Ein Feuer brennt in der Nacht,
erhellt alles Dunkle und wacht,
bis wieder ein Morgen sich zeigt,
die Finsternis der Sonne weicht.

Ein Feuer brennt in den Seelen
so kann das Leben bestehen.
Es treibt mich zum Eifer der Liebe,
damit ich das Leben finde.

Ein Feuer brennt in der Nacht,
verbrennt alles, was Schaden macht.
Verbrennt in uns den Tod und die Last,
und das, was du gegen mich hast.

Lasst uns das Feuer hüten
die Glut zu halten, zu lieben.
Sagt alle zum Preis und zum Lob
Dank unserem Schöpfer und Gott.

Zitate
Ich bin gekommen, um Feuer auf die Erde zu werfen. *Lk 12,49*

Wohltätig ist des Feuers Macht, wenn sie der Mensch bezähmt, bewacht.
Friedrich Schiller

Lieder

Feuer, das nicht verbrennt *Kugler/Janssens*
Feuer, Feuer, das erhellt *Bücken/Baltruweit*
Ein Licht in dir geborgen *Gregor Linßen*

SYMBOL: FEUER

Feuer wärmt, reinigt und bringt Licht in Dunkelheiten. Aber es kann auch zerstören. Die lebenserhaltende Bedeutung des Feuers kommt mit der Bezeichnung »Lebensflamme« zum Ausdruck.

Eine Kerze steht in der Mitte. Es kann auch das letzte glimmende Holzscheit am Lagerfeuer sein. Alle können sich eine Kerze aus dem Korb nehmen und sich nacheinander das Licht aus der Mitte holen. Es folgt ein passender Text, ein Gebet oder ein Feuersegen.

Gemeinschaft im Spiel

ZUGANG

Zu keiner anderen Sache oder Veranstaltung versammeln sich mehr Menschen, als für Spiel und sportliche Wettkämpfe. Das Spiel verbindet die Menschen miteinander. Von daher meint Jean Cocteau: »Spielen ist eine Tätigkeit, die man gar nicht ernst genug nehmen kann«. Jedoch sind fast alle Spiele von Leistung und Sieg geprägt. Um so wichtiger sind die zweckfreien Spiele, denen wir jeden Tag Raum geben und mit denen wir unseren Spaß haben sollen.

ANSÄTZE ZUM HANDELN

Vom Gegeneinander zum Miteinander
Die Söhne spielen gegen die Väter Fußball, ein Verein spielt gegen einen anderen und selbst bei Brettspielen wird eher das Wort »gegen« als das Wort »miteinander« verwendet.

Auch werden die Spiele immer ernsthafter gesehen. Die Regeln werden immer strenger und mit größeren Feinheiten ausgearbeitet. Auch die Leistungen werden immer höher geschraubt. Dass es auch noch etwas anderes gibt, zeigen beispielsweise Stiche aus der ersten Hälfte des neunzehnten Jahrhunderts, auf denen die Krickspieler Zylinderhüte trugen. Das spricht für Kultur, Spaß an der Sache und für das lockere Spiel miteinander.

Wer sucht, findet viele Spiele mit der Ausrichtung zu einem guten Miteinander. Ich finde es auch immer spannend, wenn jemand einen Vorschlag zur Spielregel einbringt, wonach statt Leistung der Spaß gefordert wird.

Gemeinschaftsball
Zwei Kleingruppen spielen Ball über eine Schnur. Das Ziel ist, dass der Ball möglichst oft gewechselt wird, ohne den Boden zu berühren. Bei diesem Spiel, das natürlich auch Spannung bringt und Spaß macht, gibt es zwei Gruppen, einen Ball und eine gemeinsame Aufgabe.

Gemeinschaftsziehen

Vier spielen zusammen. Sie bekommen je einen etwa 1,50 Meter langen Strick. Alle Stricke werden an einem Ende miteinander verknotet und dann fassen alle das andere Ende des Strickes und setzen sich auf den Boden. Sie müssen nun versuchen, miteinander aufzustehen, indem sie gleichzeitig an den Stricken ziehen.

Rollband

Es sollen wenigstens 15 TeilnehmerInnen sein, die sich so auf den Boden legen, dass eine Reihe, ähnlich einem Reißverschluss, entsteht: Kopf an Kopf und jeweils eine Person mit den Füßen nach links und die andere nach rechts liegend. Alle nehmen die Hände nach oben und halten die Handflächen waagrecht, so dass ein »Bett« oder eine Wellenbahn entsteht.

Ein TeilnehmerIn legt sich nun in steifer Haltung am Beginn einer »Menschenwelle« rücklings darauf. Er oder sie soll mit den Händen der am Boden liegenden Personen von einem Ende zum anderen befördert werden. Zu beachten ist, dass wenigstens eine Person beim »Auf« und »Abstieg« hilft. Alle haben nacheinander die Möglichkeit, sich von anderen so »tragen und befördern« zu lassen.

Vorher soll über die Ausrichtung gesprochen und dabei auf die Ziele hingewiesen werden. Die Spielleitung sollte auch den Spielverlauf beobachten, weil der Spielvorgang allzu leicht zu Spaß bis hin zu sexuellem Missbrauch reizt.

Tausch der Siegerpreise

Viel Spaß hatten alle Gruppen und insgeheim erhofften sich alle, die meisten Punkte zu bekommen. Doch dann kam alles ganz anders. Die mit den meisten Punkten bekamen einen großen Ring Wurst, die nächste Gruppe ein Getränk in einem Fünfliter-Behälter. Und so ging es weiter: Die nächsten bekamen einen großen Laib Brot, die anderen ein großes Glas mit Essiggurken, wieder andere ein großes Stück Käse und die vorletzten etwas Süßes. Für die mit den wenigsten Punkten blieb nur noch ein großes Glas mit Senf übrig.

Einige schmollten zunächst und andere lächelten süffisant. Es wurde ein schönes Abschlussfest und im Teilen wuchs Begegnung und Gemeinschaft.

MATERIALIEN ZUM THEMA

Einer stieg aus
Sie mussten sich aufstellen,
ähnlich einem Chor.
Zwei Mannschaftsführer wurden
dann nach vorne beordert.
Obwohl, in einem Fall war es eine Frau
und von wegen Führer, na ja.

Abwechselnd begannen sie zu wählen.
Menschen aus der wartenden Menge
für ein Mannschaftswettschwimmen,
in der Staffel und gegeneinander.
Ich wähle Klaus – Und ich Kathrin.
Sabine! – Ich nehme Roland.

Als das Häuflein
aus den Auszuwählenden
ganz klein war,
ging Achim weg.
Einfach weg.
Er ging, und niemand wusste warum.

Vergebliche Nach-Rufe.
Von wegen:
Wir brauchen dich!
Und: Was soll das?
Nichtsdestotrotz
nahm der Wettkampf seinen Lauf.

Es war nicht fair von dir,
du Dummkopf, Achim.
Das ist gegen alle Regeln.
Einfach auszusteigen
von Spiel und Wette
und von deinem Leben.

Heute sind wir wieder angetreten.
Dieses Mal
an deinem Grab.
Wähle nicht, wir bitten dich,
aus unseren Reihen aus.
Amen

Zum Weiterdenken
Miteinander und Gegeneinander

Eine Gruppe spielt gegen eine andere. In jeder einen solchen Gruppe wird dafür auch besonders der Zusammenhalt und das Miteinander wachsen. Es entsteht etwas, was man mit »gemeinsamen Gegner« umschreiben kann.

Die allermeisten gängigen Spiele sind von Kämpfen, Siegen und Gegnerschaft geprägt. Angefangen von den Brettspielen zuhause, über die örtlichen Fußballspiele bis hin zu den Olympischen Spielen. Dabei soll und muss durchaus auch der pädagogische Wert sowohl im Zusammenhalt der einen als auch die zumeist faire Art und Weise im Umgang mit Spielgegnern gesehen werden.

Aber es gibt auch noch eine andere Sichtweise. Marlo Morgan beschreibt in ihrem Roman »Traumfänger« die Einstellung der Ureinwohner Australiens. Die amerikanische Romanfigur will ihnen zeigen, wie ein Sportwettkampf abläuft. Um das anschaulich werden zu lassen, schlägt sie ein Laufen um die Wette vor. Die Aborigines schauen sie mit großen Augen an und tauschen dann untereinander Blicke aus. Einer von ihnen sagt dann schließlich: »Aber wenn nur einer gewinnen kann, müssen doch alle anderen verlieren. Das soll Spaß machen? Spiele sollen doch Freude bereiten«. (S. 173)

Wir bieten mehr

Er hatte bereits erfolgreiche Serien in die Zeitschriften eingebracht und seine Werbeideen kamen immer gut an. Als seine neue Idee beschlossen und projektiert war, ging Urs auf die Suche nach einem geeigneten Fotomodell. Seine Wahl fiel auf Helen. Er nannte die Ausrichtung, das Honorar und einige Sonderheiten. Helen war einverstanden und der Vertrag wurde gemacht.

Anfangs verliefen die Fotoarbeiten wie andere auch: Hintergrundarbeiten, Kleiderwechsel, Lichtverhältnisse müssen stimmen und den Werbegag in allen Variationen ausspielen. Helen hatte Charme und Witz und ihre Art sich zu bewegen, fand in Urs gesteigertes Interesse. Nach dem zweiten Aufnahmetag lud Urs sie zum Essen ein und auch die Tage darauf trafen sie sich noch öfters.

Als sie drei Wochen später eine gemeinsame Wohnung bezogen, beschäftigte Urs nur der eine Gedanke: Die Fotoaufnahmen und die Werbeserie. Er hatte alles unternommen, diese Sache rückgängig zu machen, aber längst lief die ausgeklügelte Werbemaschinerie.

Nicht wie vorgesehen in ausgewählten Zeitschriften, sondern auch in der Tagespresse war das erste Foto von Helen zu bewundern: Im kurzen Lederrock bekleidet und die Bluse sehr gewagt aufgeknöpft. Darunter: »Wir bieten mehr...« Helen war wütend und dachte daran, dass morgen noch ganz andere ganzseitige Werbebilder von ihr kamen. Auch bekam sie noch am selben Tag einen Anruf von ihrer Schwester. Diese beschwerte sich nicht nur, dass sie von ihrem Umzug nichts gewusst hatte, sondern merkte auch an, dass sie diesen Werbegag geschmacklos fände. Als sie am nächsten Tag im knappen BH zu sehen war, wurde der Wortwechsel zwischen Urs und Helen um einiges schärfer. Helen war gereizt, weil ihr an der Wohnungstür eine Nachbarin bereits mitgeteilt hatte, dass sie heute schon ihr Bild in der Zeitung gesehen hätte. Jetzt griff sie Urs umso härter an: Warum er das nicht verhindert hat und überhaupt zieht sie jetzt Leine in Sachen Fotomodell. Ein vielversprechendes Angebot steht.

Einen Tag später war Helen in »oben ohne« – Pose zu sehen und wieder einen Tag später, wie sie gerade Hand an den Slip legt, um ihn herunter zu ziehen. Immer mit dem Werbehinweis: Wir bieten mehr...

Als Urs an diesem Abend nach Hause kam, lag in der Wohnküche die Werbeseite vom Tage in Stücke gerissen. Helen war aus der gemeinsamen Wohnung ausgezogen.

Zitate
Wo Christus gegenwärtig ist, da gibt es keine Sieger und Besiegte, sondern nur Versöhnte. *Gertrud von Le Fort*

Das schwächste Glied einer Kette ist ihr stärkstes. An ihm reißt die Kette.

Stanislaw Jerzy Lec

Gott will, dass der Mensch seinen Spaß haben soll.

Gilbert Keith Chesterton

Lieder
Wo ein Mensch Vertrauen gibt *Netz/Heurich*
Leben wird es geben *Barth/Horst/Janssens*

SYMBOL: BALL

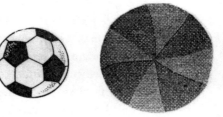

Ähnlich wie die Kugel ist der Ball ein Ganzheitssymbol. Er wird von Kindern geliebt und von den Massen im Fußballfeld verfolgt. Ein Ball erinnert uns auch an die Erde oder an die Sonne.

Der Ball kann nach allen Seiten rollen, für ihn gibt es keinen Anfang und kein Ende, sein geometrischer Körper weist in jeder Richtung gleiche Längen auf und zeigt uns eine Ganzheitlichkeit, die Hinweis sein kann für die Ausgeglichenheit des Menschen in der Arbeit und im Spiel.

Ein Schwungtuch wird von mindestens 6, besser 10 Personen am Rande gehalten. Ein Ball wird eingeworfen und nun soll versucht werden, dass dieser ständig am Tuchrand im Kreis rollt.

Gemeinschaft mit Tieren

ZUGANG

Zwischen Mensch und Tier gibt es viele Gemeinsamkeiten und auch tiefe »Freundschaften«. Es gibt aber auch die »Ausbeutung« der Tiere durch die Menschen. Schweine, Bienen, Kühe und Wollschafe beispielsweise werden fast ausschließlich zum Nutzen der Menschen gehalten. Das Nachdenken beginnt dort, wo jemand über das Abschießen der Zugvögel lamentiert, aber selbst gern ein Schnitzel verspeist.

Der »Verein gegen tierquälerische Massentierhaltung e.V.« stellt fest: So genannte »Neuzeitliche Tierhaltungssysteme« sind nicht Erfindungen des Landwirts, sondern einer vom Wirtschaftsdenken abhängig gewordenen Wissenschaft, die die Rationalisierungsmethoden immer perfekter anwendet. Die Rücksichtslosigkeit gegen das Nutztier ist zu einer Zivilisationskrankheit geworden.

ANSÄTZE ZUM HANDELN

Veranschaulichung
Beispiel: Kälber
Sie müssen in Verschlägen leben, die so eng sind, dass sie sich weder umdrehen, noch vor- oder rückwärts bewegen können.

Sie müssen auf Lattenroste ohne Stroheinstreu stehen, wodurch ihre Beingelenke krankhaft verändert werden.

Sie werden mit einer eisenarmen Nährlösung gefüttert, damit man »weißes« Kalbfleisch bekommt. Sie leiden häufig unter einer Blutkrankheit.

Sie werden in völliger Abgeschlossenheit im Dämmer- oder Dunkelstall über große Entfernungen transportiert.

Zum Vergleich:

Kälber sind stressempfindlicher als Hunde; wenn jemand Hunde wie Mastkälber halten würde, würde er eine Gefängnisstrafe riskieren.

Beispiel: Stier
In vielen Dörfern und Stadtvierteln Spaniens, leisten sich die Bewohner oft trotz bitterer Armut zum Höhepunkt des Jahresfestes einen Stier, den sie dann einen Abend lang zu Tode schinden, wobei das Abschneiden der Hoden – oft wenn das Tier noch lebt – zum Ritual gehört. Auch das Ausreißen der Hörner ist mancherorts beliebt. Munter gemacht werden die Tiere nicht nur, indem ihnen Spitzhacken in den Rücken gestochen werden, sondern auch, indem ihnen im Nacken oder auf den Hörnern Feuer in spritzenden Ölbehältern entzündet werden. Manchen Tieren wird vorher auch eine Flasche Schnaps eingeflößt. In Ciruelas wurde die Tradition der modernen Zeit angepasst: Da werden die Tiere im September aufs Feld getrieben, von Traktoren verfolgt und solange angefahren, bis sie tot sind.

Nicht wenige Touristen suchen solche Orte auf, um diese »blutrünstigen Attraktionen« zu erleben.

Beispiel Eichkätzchen
An einem Ausflugsort beobachtete ich eine Frau, die am Waldrand auf einer Bank saß. Ein Eichkätzchen trottete an, sprang auf die Bank und durchsuchte die Tasche der Frau nach etwas Essbarem. Das sonst so scheue Eichkätzchen hat an diesem Ort auf Grund der Erfahrungen Zutrauen zu den Menschen gefunden. So ähnlich können wir uns die Zähmung des Wolfes von Gubbio durch Franz von Assisi erklären, von dem man erzählt, der er mit den Tieren geredet hat.

Aktionsvorschläge
– Kein Fleisch oder Tierprodukte kaufen und verzehren, bei dem Käfighaltung und Hormonzufuhr vermutet werden kann.
– Eigene (Haus-) Tiere artgerecht halten und behandeln.
– Keine Veranstaltungen (Stierkampf, Zirkus...) besuchen, bei dem Tiere gequält, gedopt, nicht artgerecht behandelt werden oder in ständiger Ketten- bzw. Käfighaltung sind.
– Bei Kleidung auf Herkunft achten, besonders bei Pelzen von bedrohten Tierarten (nachfragen!)

Grenzen der Gemeinschaft
- Wenn Katzen das Futter mit dem Geschirr angeboten wird, aus dem auch Menschen essen.
- Wenn Haustiere auf Esstischen sitzen oder krabbeln.
- Wenn Mensch und Tier sich küssen.
- Wenn Tiere einen höheren Stellenwert als die eigenen Kinder oder Menschen überhaupt einnehmen.
- Wenn Tiere mit in Geschäfte, Gasthäuser oder Konferenzen mitgenommen werden.
- Wenn besonders Hunde Gäste ständig bedrängen oder belecken.
- Wenn Haustiere in den Betten der Menschen (mit-)schlafen.
- Wenn Tiere oder Insekten Menschen belästigen oder Schaden zufügen.

MATERIALIEN ZUM THEMA

Hintergrund
Im bundesdeutschen Gesetzestext steht:
Wer ein Tier hält, betreut oder zu betreuen hat, darf die Möglichkeit des Tieres zu artgemäßer Bewegung nicht so einschränken, dass ihm Schmerzen oder vermeidbare Leiden oder Schäden zugefügt werden.
◆ Unbestrittene Forschungsergebnisse besagen, dass Käfighaltung einen Anstieg von Stresshormonen zur Folge hat. Diese haben Auswirkungen auf das Leben und die Psyche des Tieres. Strittig ist, ob nach der Schlachtung des Tieres diese Stresshormone beim Konsum auf Menschen übergehen.

Die Katzenmutter
Weit oben auf den Bergen einer kleinen Insel liegt ein verträumtes Dorf. Die Bewohner bearbeiten ihre Weinberge und bringen den an der Meeresküste lebenden Menschen den Wein. Diese wiederum bringen ihre Fische zu den Bergbewohnern.
Ich saß gerade auf dem Dorfplatz, als ein kleiner Lieferwagen auf diesem Berg. mit einem Korb voll Fischen ankam. Sogleich kamen die Frauen aus den Häusern und kauften sich mit Emsigkeit und Freude Fische. Aber auch die Katzen des Dorfes kamen aus allen Winkeln angeschlichen und

blieben erwartungsvoll und in gebührendem Abstand vor dem Lieferwagen stehen. Ich werde die Augenblicke nicht vergessen, als der Händler nach der Verkaufsaktion allen Katzen gemächlich und liebevoll ein Fisch reichte. Diese trollten von dannen und schließlich auch er, um in einem Haus einen Kaffee zu trinken.

Eine Katze saß von Anfang an abseits und getraute sich offenbar nicht an den Lieferwagen heran. Daher wurde sie auch von dem Fischer übersehen und bekam nicht die erhoffte Mahlzeit. In Abwesenheit des Fischers ging ich zum Lieferwagen, nahm einen Fisch aus dem Korb und brachte ihn der Katze, die erwartungsvoll diese meine Handlung beobachtete. Sie nahm den Fisch in ihr Maul und trottete von dannen. Auch für mich war es Zeit zum Aufbruch. Als ich um die Ecke bog, entdeckte ich hinter einem Hauswinkel wieder diese eine Katze. Hinter ihr nagten ihre drei Jungen an dem Fisch. Sie verfolgte meinen Gang und wachte offensichtlich, dass niemand dieses Mahl störte.

Aber schon sah ich einen Hund auf sie zusteuern. Die Katze verfinsterte ihren Blick und als der Hund auf den Fisch zusteuerte, sprang sie mit einem Satz an seine Schnauze und verkrallte sich an ihm. Ein entsetzliches Gejaule und Zischen folgte. Wie im Flug ließ die Katze vom Hund los und eilte davon. Wahrscheinlich in die Richtung, in der ihre Jungen längst mit dem Fisch entschwunden waren.

Hornisse

Alles war bereits für den Urlaub vorbereitet. Aber am Vorabend der Abreise wollte er noch einmal in sein Jagdrevier gehen, auf dem Hochstand sitzen und das Wild beobachten. Auf diese Weise konnte er sich von dem anstrengenden Arbeitstag als leitender Direktor entspannen und zur Ruhe kommen.

Aber diese Ruhe war ihm nicht gegönnt. Kaum saß er auf dem Jägerstand, umkreisten ihn einige Hornisse. Verwundert hielt er Ausschau, denn als er noch vor einigen Tagen hier war, hatte er keine dieser räuberischen großen Wespenart gesehen.

Immer mehr Hornisse umschwirrten seinen Kopf und bald hatte er auch die Baumhöhle ausgemacht, die sie offensichtlich in den letzten Tagen zu einem stattlichen Nest ausgebaut hatten. Er wollte hier Ruhe finden und daher entfachte diese Störung gewaltig seinen Zorn. Nach minutenlanger Belästigung richtete er schließlich sein Gewehr auf das Flugloch und ließ eine Schrotladung in diese Zielrichtung. Das bedeutete für den passionierten Jäger den Tod, den bereits Sekunden später wurde er von wohl zwei Dutzend Hornissen, die ansonsten nur bei äußerster Bedrohung stechen, heftig traktiert. In aller Eile kletterte er vom Hochstand, schleppte sich zur nahen Jägerhütte und dort starb er an einem Schlaganfall, wie ein Arzt später feststellte.

An einen jungen Hirschen

Es tut mirLeid, dass ich dich töten musste, kleiner Bruder! Aber ich brauche dein Fleisch, denn meine Kinder hungern. Vergib mir, kleiner Bruder!

Ich will deinen Mut, deine Kraft und deine Schönheit ehren – sieh her: ich hänge dein Geweih an diesen Baum;

jedes Mal, wenn ich vorbeikomme, werde ich an dich denken und deinem Geist Ehre erweisen.

Es tut mir Leid, dass ich dich töten musste; vergib mir kleiner Bruder!

Sieh her, dir zum Gedenken rauche ich die Pfeife, verbrenne diesen Tabak. *(Jimalee Burton, eine Cheroke-Indianerin, 1974 – aus:*

Du bist schön meine Erde, Herder 1986)

Die Raubtiere kehren zurück

Früher wurden sie gejagt und in Mitteleuropa ausgerottet: Jetzt werden diese Tiere wieder eingesetzt: Die Braunbären in Österreich, Luchse in Bayern und Wölfe in Ostdeutschland. Und viele Menschen haben Angst. Dabei müssen die Jäger nur die tierischen Jagdkonkurrenten akzeptieren, die Hirten müssen mehr für die Sicherung ihrer Herden tun und spezielle Herdenschutzhunde einsetzen und die Menschen müssen alte Feindbilder überwinden. *nach einem Bericht in Publik-Forum 18/99*

Mensch und Hund

Weltweit werden mehr Menschen durch Hunde angegriffen und verletzt, als durch ihre wilden Vorfahren, den Wölfen. Die Behauptung, die meisten Leute kämen gut zurecht mit ihren Hunden, stimmt einfach nicht. Gar nicht so selten sind nicht die Hunde, sondern die Hundebesitzer therapiebedürftig. Auch passen mindestens 50 Prozent der Hunde nicht zu den Menschen, die sie haben. *nach einem Bericht der SZ vom 9.11.99*

Aus der Genesis

Da sprach Gott: Hiermit übergebe ich euch alle Pflanzen auf der ganzen Erde, die Samen tragen und alle Bäume mit samenhaltigen Früchten. Euch sollen sie zur Nahrung dienen. Allen Tieren des Feldes, allen Vögeln des Himmels und allem, was sich auf der Erde regt, was Lebensatem in sich hat, gebe ich alle grünen Pflanzen zur Nahrung. So geschah es. Gott sah alles an, was er gemacht hatte. Es war sehr gut. *Gen 1, 29 – 31*

Zitate

Wenn der moderne Gebildete die Tiere, deren er sich als Nahrung bedient, selbst töten müsste, würde die Anzahl der Pflanzenesser ins Ungemessene steigen. *Christian Morgenstern*

Gott wünscht, dass wir den Tieren beistehen sollen, allemal, wenn es vonnöten ist. Ein jedes Wesen in Bedrängnis hat gleiche Rechte auf Schutz.
Franz von Assisi

Lieder

Halle-halle-halleluia *Baltruweit*
Du hast uns deine Welt geschenkt *Krenzer/Jöcker*

SYMBOL: FELL

Alle bekommen ein kleines Stück Fell und werden gebeten, dieses zu befühlen, Erlebnisse mit Felltieren herzuholen und eigene Fantasien um und mit diesem Stück Fell nachzuspüren.

Wer mag, kann anschließend Gedanken und Erfahrungen einbringen.

Gemeinschaft mit der Natur

ZUGANG

Alles, was geschaffen wurde, ist gut. Es ist der Mensch, der in seiner Umgebung und in der Natur immer mehr aus dem Gleichgewicht bringt. Die Monokulturen, die Technisierung und der Raubbau haben den Naturkreislauf bereits erheblich beeinträchtigt. Diese Störung suggeriert die bekannte Aussage: Zuerst stirbt der Fisch und der Baum, dann der Mensch. Dabei wollen alle zurück zur Natur, und scherzhaft wird hinzugefügt: »aber nicht zu Fuß«. Nur im Einklang mit der Natur kann der Mensch überleben und deshalb kann der Stellenwert der Gemeinschaft zwischen Mensch und Natur nicht hoch genug gesetzt werden.

Familienbande
– eine kleine Meditation –
◆ Das Leben auf der Erde kennt viele Familien. Beispielsweise bei den Pflanzen die Familie der Nachtschattengewächse. Oder bei den verschiedenen Arten von Mäusen. Sie haben alle Lebensgewohnheiten, aber vieles haben sie gemeinsam und irgendwie gehören sie zusammen.
◆ Wenn eine Knu-Mutter verunglückt und sich nicht mehr um ihr Kind kümmern kann, dann ist dies den Schakalen ausgeliefert, weil die Knus keine Familienbande kennen und dieses Kalb nicht aufnehmen und beschützen.
Anders beispielsweise bei den Elefanten. In der Elefantenherde sind alle beheimatet und geschützt.
◆ Die Menschen auf dieser Erde sind auch eine große Familie. Sie haben alle ähnliche Bedürfnisse und Wünsche. Sie möchten, dass alle gut und in Frieden leben können:
– ein Kind im geschützten Familienkreis
– ein Mensch, der sich in seiner Umgebung nicht zurecht findet
– ein Mensch anderer Hautfarbe oder anderer Weltanschauung
◆ Auf diesem Planeten kann nur überlebt werden, wenn alles Leben sein darf.

ANSÄTZE ZUM HANDELN

Naturkreislauf
Vor vielen Jahrzehnten war unsere Natur insofern noch in Ordnung, dass sich der Naturhaushalt im Gleichgewicht befand. Heute müssen wir feststellen, dass beispielsweise die Natur nicht mehr in der Lage ist, die Schadstofffreisetzungen zu verarbeiten. Der Naturkreislauf ist aus dem Gleichgewicht geraten.
 Im Spiel können Zusammenhänge der Natur klar werden.
 An Einzelpersonen oder Kleingruppen werden Stichwörter vergeben. Alle beginnen gleichzeitig. Es soll nach unten stehendem Muster ein Kreislauf der Natur entstehen.
Beispiele:

Vogel
Ein Vogel braucht ein Nest
Ein Nest braucht einen Baum
Ein Baum braucht eine Erde
Eine Erde braucht Wasser
Wasser braucht eine Quelle
Eine Quelle braucht Regen
Regen braucht den Sonnenschein
Sonnenschein braucht den Tag
Der Tag braucht die Nacht
Die Nacht braucht das Licht
Das Licht braucht Augen
Die Augen brauchen einen Kopf
Ein Kopf braucht einen Leib
Ein Leib braucht Nahrung
usw.

Auto
Ein Auto braucht Reifen
Reifen brauchen den Monteur
Monteur braucht Ersatzteile
Ersatzteile brauchen eine Fabrik

Eine Fabrik braucht Elektrizität
Elektrizität braucht eine Turbine
Eine Turbine braucht Windkraft
Windkraft braucht einen Temperatursturz
usw.

Man kann auch festlegen, dass beispielsweise jede Gruppe 5 Minuten aufschreiben darf. Wer hat die meisten Aussagen? (Doppelaussagen gelten nicht)
    Oder: Jemand beginnt mit einem Wort. Die nächste Person bringt eine Aussage nach obigen Muster, dann die nächste...

Buchstaben – Gemeinschaft
Vieles verbindet uns mit der Natur, nicht zuletzt, dass alles einen Namen trägt: die Tiere und die Pflanzen, die Gewässer und die Berge. Im Spiel kann und soll das deutlich werden.
    Gemeinsam können alle Zettel mit Sammelbegriffen vorbereitet werden. Zum Beispiel Vögel, Tiere im Zoo, Flüsse, Insekten, Gartenblumen usw.
    Diese Zettel werden in der Mitte mit der Schrift nach unten aufgelegt. Dann geht es reihum. Sabine zieht den ersten Zettel mit z.B. der Aufschrift »Vögel«. Nun sollen alle Vögel aufschreiben, die mit demselben Buchstaben beginnen wie »Sabine«; also: Star, Schwalbe, Singdrossel, Saatkrähe, Steinadler....
    Wer hat nach 2 Minuten die meisten Namen auf dem Zettel?
    Dann macht Alexander weiter. Er zieht den Zettel mit der Aufschrift »Bäume«: Ahorn, Apfelbaum, Affenbrotbaum, Alleebaum.
    Der Spaß soll im Vordergrund stehen. Dazu gehört auch, dass man großzügig sein soll und z.B. »Alleebaum« gelten lässt. Einfacher geht es, wenn auch noch der letzte Buchstabe hinzu genommen werden darf. Also bei »Sabine« sowohl »S« als auch »E«. Oder besonders bei Kindern könnte man alle Buchstaben mit einbeziehen.

MATERIALIEN ZUM THEMA

Zum Leben
Den Samen im Herbst ernte ich so gern
und bringe ihn zur Aussaat zur rechten Zeit;
hole keinen Samen meilenweit.

Das Keimen und Sprossen schau ich gern,
das Wachsen und Werden, schön zu sehn;
will jeden Tag in den Garten gehn.

Den Glanz aller Blumen mag ich so gern
und den Duft, ohne Glashaus getrieben.
Kann sie ohne Farben noch lieben.

Auch verwelkte Blumen mag ich so gern;
bringen Samen zur Reife, zur Ernte.
der erwacht, nach kalter Nacht zum Leben.

Die Kommunikation zwischen Pflanzen, Tieren und Menschen
Wird das Blatt einer Tomate von einer Raupe angefressen, so sendet dieses mit einer Geschwindigkeit von 1 Meter pro Sekunde anderen Blättern elektrische Signale, die sogleich Abwehrreaktionen einleiten. Die Forscher befestigten Elektroden an Blattstielen junger Tomaten und konnten so nach mechanischer Beschädigung von Keimblättern kurzzeitige Spannungsänderungen, so genannte Aktionspontenziale aufzeichnen. (Nature Nr. 360)
   Manche Pflanzen beeinflussen direkt das Verhalten der Tiere, die sie bestäuben. Die Blüten wechseln dazu innerhalb weniger Minuten ihre Farbe und machen damit gezielt darauf aufmerksam, dass sich ein Besuch nicht mehr lohnt. Ebenso in umgekehrter Weise, wenn sie darauf aufmerksam machen wollen, dass sie noch nicht bestäubt sind. (Nature, Bd. 354)
   In verschiedenen Versuchen konnte auch festgestellt werden, dass es eine Kommunikation zwischen Mensch und Tier und auch zwischen Mensch und Pflanze gibt. Näherte sich beispielsweise ein Mensch einer Pflanze in der Absicht, diese abzuschneiden, reagierte diese mit Span-

nungsänderungen, die elektronisch aufgezeichnet wurden. Bekannt sind auch viele Versuche, bei denen Pflanzen täglich beschimpft wurden und diese dann zu Grunde gingen; bei liebevoller Pflege und guten Zusprüchen gediehen diese prächtig.

Die Weißen haben niemals Achtung vor dem Land gehabt, und das Schicksal von Hirsch oder Bär ist ihnen gleichgültig. Wenn wir Indianer ein Tier töten, essen wir alles auf. Wenn wir Wurzeln ausgraben, machen wir kleine Löcher. Wenn wir Häuser bauen, graben wir kleine Löcher. Wenn wir wegen der Heuschrecken Gras abbrennen, zerstören wir dabei nichts. Wir schütteln die Eicheln und Nüsse von den Bäumen. Wir schneiden die Bäume nicht um. Wir verwenden nur totes, dürres Holz. Aber die weißen Menschen pflügen die Erde auf, fällen die Bäume, vernichten alles. Der Baum sagt: »Tu es nicht« Du fügst mir Schmerz zu. Verletz mich nicht!« Aber sie fällen und zerschneiden ihn. Der Geist des Landes hasst sie. Sie sprengen Bäume mitsamt ihren Wurzeln und verwunden die Erde. Sie sägen die Bäume in Stücke. Sie tun ihnen Leid an. Wir Indianer verletzen nichts und niemanden, aber die Weißen zerstören alles. Sie sprengen die Felsen und verstreuen sie weit über die Erde. Der Fels sagt: »Tu es nicht! Du fügst mir Schmerz zu.« Aber die Weißen kümmern sich nicht darum. Wie kann der Geist der Erde die Weißen lieben? Überall, wo der weiße Mann die Erde berührt hat, ist sie krank.

Wintu-Indianerin, etwa 1900 aus: Weißt du, dass die Bäume reden? Weisheit der Indianer, hrsg. von Käthe Recheis und Georg Bydlinksi, Verlag Herder, Wien 1985

Fischstäbchen schmecken vorzüglich
Julia saß am Küchentisch und sie sah, wie sich eine dicke fette Fliege auf die Käsesahne setzte und daran naschte. »Du garstige Fliege! Verschwinde!« rief Julia und fächelte mit den Händen. Doch die Fliege ließ sich nicht sonderlich beirren, kreiste noch einmal um den Tisch und schon saß sie wieder auf dem Kuchenstück. »Hör mal...« fauchte Julia. In diesem Augenblick wurde sie unterbrochen. Die Fliege erklärte im galanten Ton: »Ich habe Hunger! Hast du etwas dagegen?« »Suche dir etwas anderes. Die Torte gehört mir!« antwortet Julia ärgerlich und wäre die Fliege nicht flugs durch das offene Küchenfenster entwischt, hätte sie die Fliegen-

klappe zu spüren bekommen. Eine Rauchschwalbe näherte sich der Mauer, an der gerade die Fliege entlang brauste. Noch ganz beeindruckt von Julias Beschimpfungen, reagierte die Fliege in ähnlicher Weise: »Lass mich in Ruhe!« Die Rauchschwalbe war durch diese rotzfreche Rede dermaßen verdutzt, dass sie einen Bogen schwang und unter dem Gebälk verschwand, darin sich das Nest mit ihren Jungen befand. Doch dort hatte sich gerade eine Katze angeschlichen, um die jungen Rauchschwalben zu verspeisen. »Du Schuft!« zischte die Rauchschwalbe die Katze an! »Schämst du dich denn gar nicht, wehrlose kleine Vögel zu überfallen?« Zugleich flog die Rauchschwalbe für die Katze gefährliche Verteidigungsflüge, so dass die Katze schließlich abzog. Der Katze blieb nichts anderes übrig, als im Gartengeländer auf Mäusefang zu gehen. Sie hatte ein Mäuslein auch schon in den Fängen, als piepsend und keck die kleine Haselmaus in Verteidigungsrede ging: »Hast du noch nie etwas von Artenschutz gehört? Lass mich sofort los, sonst melde ich dich bei der Artenschutzkommission!« Die Katze hatte noch nie von Tier- und Artenschutz gehört und war von dieser Meldung so überrascht, dass sie augenblicklich von der Maus abließ und von dannen trottete.

Die Geschichte ist noch lange nicht zu Ende. Sie kann noch beliebig fortgesetzt werden, denn niemand will von jemand anderen aufgefressen werden: Die Haselmaus wollte einen Engerling fressen und der Engerling den Salatkopf. Den Salatkopf wollte gern ein Schwein in den Speiseplan aufnehmen und die Julia will so gerne ein Schweineschnitzel essen. So kam es, dass Julia am nächsten Tag vor einem saftigen Schweineschnitzel saß, als das Schnitzel mit der Moralpredigt begann: »Soviel Fleisch liebe Julia ist ungesund! Schweinefleisch ist von allen Fleischsorten am schlechtesten für den Menschen. Warum willst du ausgerechnet mich verspeisen? Bedenke doch, dass deswegen Schweine ihr Leben lassen müssen«. Und so weiter...

Julia ging ganz traurig aus dem Haus. Sie spazierte durch die Wiesen und Felder und dachte über all das Geschehene nach. Dann kam sie zu dem romantisch gelegenen Fluss, an dem sie schon oft den Fischern zugeschaut hatte. »Darf ich mich setzen?« fragte sie einen Fischer und noch bevor sie eine Antwort bekam, setzte sie sich in die blumige Uferwiese. Sie hörte den Protest der Margeriten schon deswegen nicht, weil sie gerade dem Fischer zusah, wie er ein kleines Fischlein an Land zog. Es gehört aber zur Fischerehre, dass kleine Fische wieder in das Wasser zurückgeworfen werden. Julia sah ganz genau, wie das kleine Fischlein nach dem Fall ins Wasser noch herum taumelte und wie dann ein großer Fisch kam und das kleine Fischlein verschlang.

Eiligst ging Julia nach Hause, holte aus dem Eisschrank Fischstäbchen und bereitete diese zu. Sie schmeckten wirklich vorzüglich!

Großer Gott
Großer Gott,
gib uns ein hörendes Herz:

damit wir von deiner Schöpfung
nicht mehr nehmen als wir geben,

damit wir nicht willkürlich zerstören,
nur um unserer Habgier willen,

damit wir uns nicht weigern,
ihre Schönheit mit unseren Händen zu erneuern,

damit wir niemals von der Erde nehmen,
was wir nicht wirklich brauchen.

Großer Gott,
gib uns Herzen, die verstehen;

dass wir Verwirrung stiften,
wenn wir die Musik der Erde stören;

dass wir blind für die Schönheit werden,
wenn wir ihr Angesicht verunstalten,

dass wir ein Haus voll Gestank haben,
wenn wir gefühllos ihren Wohlgeruch verderben.

Ja Herr, wenn wir sorgsam mit der Erde umgehen,
sorgst sie für uns.   *Indianisches Gebet*

Zitate

Kommen sie in meinen Garten. Ich möchte sie meinen Rosen zeigen.

Oscar Wilde

Der Mensch ist nicht das Produkt seiner Umwelt – die Umwelt ist das Produkt des Menschen. *Benjamin Disraeli*

Der Himmel gehört allen, die Erde wenigen. *Klaus Staeck*

Eine Blume geht über die Wiese, sieht einen wunderschönen Menschen und reißt ihm den Kopf ab *Sponti-Spruch*

Unkraut ist ein Weizenhalm im Leinsaatfeld *Josef Griesbeck*

Spucke nie in einen Brunnen, denn schon im nächsten Moment kannst du genötigt sein, sein Wasser zu trinken. *Russisches Sprichwort*

Lieder

Selig seid ihr, wenn ihr einfach lebt *Barth/Horst/Janssens*
Schön ist das Leben *Ulbricht/Wortmann*

SYMBOL: ROSE

Wird jemand ohne lange nachzudenken aufgefordert, eine Blume zu nennen, so wird in den meisten Fällen die Rose genannt. Die Rose gilt wegen ihres Duftes, ihrer Schönheit und Anmut als Symbol der Zuneigung, der (göttlichen) Liebe, Fruchtbarkeit und auch der Verehrung gegenüber den Toten. Die Dornen weisen darauf hin, dass die Liebe auch Leid mit sich bringt.

Nach einem Aktionstag oder einer Beschäftigung mit der Natur bekommen alle eine Rose.

2. TEIL:

GEMEINSCHAFT DES GEISTES

Gemeinschaft mit Gott

ZUGANG

Anselm Grün schreibt: »Die Begegnung mit Gott führt mich in meine Wahrheit, führt mich zu mir selbst.« Fast alle Menschen haben zumindest ein vages Gottesbild und Spuren von Verbindungen zu ihm. Manchmal trifft man aber auf Menschen, dessen Leben nur ausgefüllt ist mit Denken und Entwickeln, mit Arbeit und Freizeitgestaltung, mit Materie und Vorgängen auf dieser Erde. Manche andere dagegen scheinen sich fast gänzlich dieser Welt zu entsagen und richten ihr Denken und Handeln nur nach »oben«, nach Gott aus und vernachlässigen nicht selten die menschlichen Dinge.

ANSÄTZE ZUM HANDELN

Meditation der Gottesbeziehung
Hier haben wir einen Tisch mit drei Beinen. Wie wir alle sehen können, steht er ganz fest auf dem Boden. Auch wenn bei diesem dreibeinigen Tisch ein Bein etwas kürzer wäre, würde dieser ebenso fest und ohne zu wackeln auf dem Boden stehen. Ganz im Gegensatz übrigens zu einem vierbeinigen Tisch.
Drei Standbeine, drei Eckpfeiler für eine gute Standfestigkeit!
◆ Damit uns die Bedeutung aller drei Standbeine verdeutlicht werden kann, drehe ich nun diese drei Beine aus der Tischplattenverankerung und lege diese einmal beiseite.
◆ Hier sehen wir ein Tischbein. Was soll ich damit anfangen? Es kann allein keine Tischplatte tragen bzw. halten! Ich lege das Tischbein auf den Boden, in die Waagrechte.
Menschen, die sich nur im Waagrechten, nur im Erdbezogenen bewegen, bleiben der Erde verhaftet, können nicht über sich selbst hinaus wachsen.
◆ Zwei Tischbeine! Auch diese sind nicht in der Lage, eine Tischplatte zu tragen. Ich lege diese beiden in Schräglage zusammen und damit be-

kommen sie schon eine gewisse Standfestigkeit. Aber nur weil ich sie noch mit meinen Händen halte, können sie nach vorne und hinten nicht kippen. Und im übertragenen Sinne lehnen sich beide aneinander an; sind sehr aufeinander angewiesen; können alleine nicht stehen.

◆ Drei Tischbeine können eine Tischplatte tragen, wie wir es bereits vorher gesehen haben. Ich drehe diese drei nun wieder in die Plattform und wir haben einen Tisch. Auf einem solchen Tisch kann das Glas mit dem Wein des Lebens nicht verschüttet werden.

◆ Ein Stuhlbein allein, die Senkrechte, die totale Hinwendung zu Gott ohne Erdbezogenheit ist für ein Leben nicht tragfähig. Ebenso nicht die Waagrechte allein. Drei wie »alle guten Dinge sind drei!«, Drei als Symbol des alles umfassenden Prinzips, Dreieinigkeit.

Gott – ein Fantasie-Test

Fjodor M. Dostojewskij sagte einmal: »Einem wirklich Gottlosen bin ich in meinem ganzen Leben noch nicht begegnet. Statt seiner bin ich nur einem Ruhelosen begegnet«.

So gesehen haben alle Menschen ein Gottesbild, auch jene, die keines haben! Wer jedoch glaubt, ihn gefunden zu haben, hat ihn längst verloren. Wir bleiben wahrscheinlich Suchende, solange wir leben.

Mit einem kleinen Fantasie-Test können wir uns auf die Suche nach Gott machen. Wer sich darauf einlassen will, soll sich bequem setzen und die Augen schließen. – Atme einige Male gut durch und lasse dich jetzt auf das ein, was kommt.

Stelle dir vor, in diesem Raum/Kirche gibt es mehrere Türen. Wenn du in Kürze aus diesem Raum/Kirche gehst, dann darfst du eine Türe wählen, aus der du hinausgehen willst. Jede Türe hat eine andere Bedeutung – oder anders ausgedrückt einen anderen Ein- und Ausgang für Gott. Wähle die Türe aus, die dich zu Gott führt.

1   Über der ersten Türe steht: **Gott, der mir Sicherheit gibt**

Das ist der Gott, der uns Sicherheit gibt in schwierigen Lebenslagen. Wenn wir beten und ihn anrufen, ist er für uns da. Und wenn wir an ihn glauben, dann holt er uns auch einmal in seinen Himmel.

Hinter der Türe sehe ich, wie ich mir den Himmel und das Paradies schon immer vorgestellt habe.

2   Über der zweiten Türe steht: **Gott, der gerecht ist.**
Dieser Gott wird beim jüngsten Gericht das Gute belohnen und alles Unrecht bestrafen.
Hinter dieser Türe sehe ich das reine Licht
3   Nächste Türe: **Gott, von dem Jesus sprach**
Er hat für uns viele Wohnungen bereitet – er denkt nicht nach irdischer Gerechtigkeit – er ist ein lebendiger Gott – er will, dass wir arm sind vor ihm, keine Gewalt anwenden, nach der Gerechtigkeit dürsten und Frieden stiften, denn diese – so sagt Jesus – werden Gott schauen.
Hinter dieser Türe sehe ich Jesus in Gemeinschaft mit Gott und dem Heiligen Geist.
4   Vierte Türe: **Gott als höchste Instanz**
Das heißt, es gibt ein höchstes Wesen oder einen Großen Geist, vielleicht das Ergebnis unseres Denkens. Er hat wahrscheinlich einmal alles in Gang gesetzt, aber jetzt keine besonderen Beziehungen mehr zu den Menschen
Hinter dieser Türe sehe ich das Nichts im großen Weltall.
5   Fünfte Türe: **Gott, der grenzenlos gut ist**
In ihm wohnt Liebe und Licht. Er will nur das Gute und hilft allen Menschen, die ihn suchen.
Hinter dieser Türe sehe ich eine Höhle, die Harmonie und Geborgenheit ausstrahlt.
6   Sechste Türe: **Der heilige Gott**
Besonders in der Kirche und bei Festen wie Weihnachten und Hochzeiten ist er spürbar. Er ist der Heilige und eine absolute Ganzheit, die einem Menschen das Gefühl des Angenommensein gibt.
Hinter dieser Türe sehe ich ein Bild von Vollkommenheit und Majestät
6   Letzte Türe: **Der ganz andere Gott**
Er ist der Ursprung aller Dinge und ewig. Man kann sich kein Bild von ihm machen, weil er ganz anders ist und eine unbeschreibliche Wirklichkeit.
Hinter dieser Türe sehe ich das Zeichen von Alpha und Omega, das Bild vom Anfang und der Vollendung.

Abschließend benenne ich noch einmal alle Türen: Gott, der mir Sicherheit gibt – Gott, der gerecht ist – Gott, von dem Jesus sprach – Gott als höchste Instanz – Gott, der grenzenlos gut ist – der heilige Gott – der ganz andere Gott.

Du hast einer Tür den Vorrang gegeben. Nehme eine Tür auf und denke dir, dass vielleicht oder irgendwie jede Entscheidung für dich richtig ist, denn – so darf man sagen – viele Wege führen zu Gott.

Komme jetzt langsam in das Hier und Jetzt zurück und wenn du nachher aus dem Raum/der Kirche gehst, stelle dir vor, dass, symbolisch gesehen, diese Türe dein momentaner Weg mit Gott und zu Gott ist.

Variation: 3 aus 40
1. Phase
Nachfolgende Aussagen liegen sooft vor, als TeilnehmerInnen anwesend sind. Alle haben die Aufgabe, aus den vorliegenden fünf herauszusuchen, die zum eigenen Gottesbild passen:

Unterstreiche drei Wörter oder Begriffe, die deinem Gottesbild nahe kommen.

Zusätzlich: Streiche drei Wörter oder Begriffe, die du ablehnst.

allmächtig, gütig, barmherzig, groß, gerecht, ungerecht, lebendig, liebend, unfassbar, heilig, ohnmächtig, allwissend, zärtlich, höheres Wesen, der ganz andere, weißbärtiger Opa, Lichtgestalt, ohne Anfang und Ende, Vollender, das Seiende und Nichtseiende, Vater allen Lebens, Mutter allen Lebens, Großer Geist, unsichtbares Auge, ewiges Wort, Leere, namenlose Wirklichkeit, aktives Schweigen, Erkenntnis, universales Licht, Kraft im Geist, höchste Ganzheit, absolute Wahrheit, Ursprung aller Dinge, Lenker der Welt, Schöpfer, Marionettenspieler, der Machtlose, unbeschreibliche Wirklichkeit, höchste Instanz.

Möglich ist es auch, dass eigene Aussagen eingesetzt werden.

2. Phase
Es sollen sich immer drei zusammen tun und aus allen Begriffen wieder drei gemeinsam finden. Dazu soll genügend Zeit gelassen werden, um dem Austausch der verschiedenen Gottesbilder Raum zu geben und Beziehungen zu Mitmenschen und zu Gott zu gestalten.

MATERIALIEN ZUM THEMA

Das brauche ich
Ich brauche für mein bisschen Leben
auch ein wenig Liebe.
Wo kann ich sie finden?
wer kann sie mir geben?

Ich habe für mein kurzes Dasein
nur die eine Frage:
Wem kann ich sie bringen?
Wer lässt sich auf mich ein?

Ich suche für meine Wirklichkeit
nur die eine Wahrheit.
Wer hat sie geschmiedet?
und kennt das Thema nach der Zeit?

Ich will für die gelebten Jahre
einen langen Atem.
Wer kann das garantieren?
Oder werde ich verlieren?

Ich ersehne für mein Bestehen
Zutrauen und Zärtlichkeit.
Wer trägt meine Seele
und wer lässt mich auferstehn?

Das lebendige Kreuzzeichen
Die drei Dimensionen des Lebens können wir im »lebendigen Kreuzzeichen« zum Ausdruck bringen: Wer das mitmachen will, ist dazu herzlich eingeladen.
– Wir beginnen mit Gott, der uns in das Leben geholt hat (wir strecken die Hände nach oben).
– Wir erinnern uns an Jesus, der auf die Erde kam und uns Bruder war (wir berühren mit den Handflächen den Boden)

- Wir rufen den Geist Gottes in unseren Kreis, der uns miteinander verbindet (wir reichen uns die Hände)

Oder:
- Ich stehe auf zum Zeichen dafür, dass ich von Gott geschaffen, gewollt und geliebt bin.
- Ich halte meine Hände vor mir offen in der Gewissheit, dass ich die wesentlichen Dinge für mein Leben geschenkt bekomme.
- Ich verbinde mich mit meinen Händen mit den anderen mit dem Wunsch nach einem guten Miteinander aller Menschen.

Zitate

Ich glaube, dass etwas Göttliches in uns ist, das von Gott ausgegangen ist und wieder zu ihm führt.

Jakob Grimm

Was uns fehlt, existiert, weil es uns fehlt

Thèodore Jouffroy

Es ist wichtig, jeden Tag eine halbe Stunde auf Gott zu hören – es sei denn, du hast besonders viel zu tun und dann ist eine Stunde notwendig.

Franz von Sales

Der Mensch muss sich darüber klar werden, dass die Waagrechte der Natur gehört und ihm nur die Senkrechte verbleibt.

Friedensreich Huntertwasser

Lieder

Du bist da wo Menschen leben	*Detlev Jöcker*
Schaut nicht hinauf	*Hoffmann/Mausberg/Norres/Schuhen*
Du bist das Licht der Welt	*Poppe/Kreuzbruderschaft*
Gott spannt leise feine Fäden	*Clemens Bittlinger*

SYMBOL: DREIECK

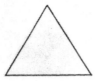

Wir haben ein quadratisches Blatt aufgelegt. Wer will, kann es zur Hand nehmen und mit uns eine Symbolbetrachtung machen.

◆
– Die untere und die obere Linie zeigen uns die waagrechten Ebenen. Uns kann das sagen, dass es auch in oberen Regionen vieles gibt, was in der erdbezogenen Ebene da ist. Oder anders ausgedrückt: Eine hochgeistige Beschäftigung kann oder wird auch immer sehr weltbezogen sein und bleiben.
– Die seitlichen Linien stellen für uns die Senkrechten Linien dar. Im Bild gesprochen sind das Menschen, die die profanen Dinge dieser Erde vernachlässigen, ganz vergeistigt dahinleben, in Mystik und Versenkung völlig aufgehen.
◆ Wir falten das Blatt einmal diagonal zusammen. Es ist ein Dreieck entstanden. Es gibt immer noch die Waagrechte und es gibt eine Senkrechte. Wie wir das Blatt auch drehen, es gibt immer eine Spitze.
◆ Es gibt aber auch zwei schiefe Ebenen. Diese verbinden die senkrechte und die waagrechte Ebene. Anders ausgedrückt: den Himmel und die Erde.
◆ Das Dreieck ist auch ein Symbol für Gott: Vater, Sohn und Heiliger Geist.

Gemeinschaft mit den Heiligen

ZUGANG

In frühchristlichen Gemeinden wurden alle »Brüder und Heilige« genannt, die Jesus nachfolgten und sich der Gemeinschaft der Glaubenden anschlossen. Heute verstehen wir als »Heilige« bereits Verstorbene, die Vorbilder waren (evangelische Kirche) und Mitherrscher Gottes und Fürsprecher (katholische Kirche). Diese »fromme« Hochstilisierung eines Menschen zu einem Übermenschen und Aristokraten (Karl Barth) war schon immer dem jeweiligen Zeitgeist bzw. dem jeweiligen Frömmigkeitsverständnis unterworfen und von daher nicht selten auch zufällig und ein Vorgriff auf das »Gerechtigkeitsverständnis Gottes«.

Für die alten Griechen waren die Toten die Gewesenen; für Christen gehören sie nicht zum »Schattenreich«, sondern sind im Reich des lebendigen Gottes, der »Herr der Lebenden und der Toten« (Rö. 14,9) ist. In diesem Sinne sind wir Lebenden gemeinsam mit allen verstorbenen Christen als »Heilige« verbunden.

ANSÄTZE ZUM HANDELN

Gemeinschaft mit einem Verstorbenen
An einem Abend nach dem Tod eines Mitmenschen werden alle Angehörigen, FreundInnen und Bekannten des Verstorbenen eingeladen. Die Absicht und die Ausrichtung werden im Vorfeld allen mitgeteilt, damit sich alle darauf einstellen können.

Der Raum ist freundlich eingerichtet, Blumen und gedämpftes Licht erwartet die Kommenden. Am besten sitzen alle im Kreis.

◆ Jemand beginnt, begrüßt alle herzlich und benennt die Geschehnisse der letzten Tage. Alle sind und werden eingeladen, etwas für den Verstorbenen einzubringen. Dabei können und sollen einige Elemente vorbereitet bzw. mit Anwesenden abgesprochen sein.

Möglichkeiten:
- Wichtige und schöne Erlebnisse und Begegnungen aus dem Leben des Verstorbenen erzählen.
- Lieblingsmusikstücke einspielen
- Blumen (mit-) bringen, die der oder die Verstorbene gerne hatte.
- Wichtige Aufgaben und Lebensziele benennen.
- Bilder aus dem Leben zeigen.
- Geschaffenes: Bilder, Gedichte, Werkstück...
- Dem oder der Verstorbenen noch Wichtiges sagen (in der du-Form)
- Kerzen entzünden, weil...
- Ein Gebet sprechen

Ein solches Treffen zeigt mehr als Kranzspenden und bezahlte Aktivitäten die Verbundenheit und Gemeinschaft mit dem Toten. Wer mitmacht, lässt sich darauf ein und bringt eine Wertschätzung zum Ausdruck – im Gegensatz zu jenen, die sich um sein Erbe streiten.

Feierstunde mit den Heiligen
Manchen Menschen ist nicht nur ihr (Vor-) Name wichtig, sondern auch die dazugehörenden Hintergründe: Warum und wie habe ich diesen Namen bekommen? Hat dieser eine Beziehung zu Bekannten, Verwandten oder jenen, die kanonisiert (»heilig gesprochen«) wurden?

Wie es auch sein, – mag, mit den lebenden und verstorbenen Namensträgern kann man feiern.

Mir wurde der Name Josef gegeben. Bis 1970 war dieser in unserem Land sogar ein Feiertag. Ich habe bald damit begonnen, mit meinen gleichnamigen Tauf- und Firmpaten den Kontakt zu intensivieren. Auch habe ich dann einmal ein Heftchen zu diesem »Namenstag« verfasst mit all dem, was mit Josef zusammenhängt. Auch (berühmte) Personen, die so heißen oder hießen, wurden mit einbezogen und natürlich auch der heilige Josef, der Ehemann von Maria und Vater von Jesus.

Seit über 20 Jahren ist es Brauch und Sitte, dass am so genannten Josefitag zum »Starkbieranstich« eingeladen wird. Dieser Brauch geht zurück auf die Fastenregel, wonach in der Mitte der Fastenzeit ein stärkeres Bier angezapft wurde (weil man sich in den Speisen zurück hielt und Kräfte für die Arbeit brauchte). Das war früher der Josefitag und noch heute wird beispielsweise in München und in vielen anderen Gegenden kurz vor diesem Tag traditionell das Starkbierfest eingeleitet.

Bei meinem Josefitreffen geht es natürlich lustig zu und alle, die Josef heißen, werden hier gefeiert.

MATERIALIEN ZUM THEMA

Mit den Toten reden

Das Hören von Stimmen wurde bisher als ein Symptom einer schizophrenen Psychose gesehen. Aber heute wissen wir, dass auch psychisch gesunde Menschen Stimmen hören können, die aus der nicht realen Welt stammen. Die einen glauben, von Nachbarn oder dem Psychotherapeuten überwacht zu werden, andere, dass Gott oder der Schutzengel spricht und wieder andere, dass die verstorbene Großmutter zu ihnen spreche.

Thomas Bock, Begründer der Sozialpsychiatrischen Klinik des Universitätskrankenhauses Hamburg meint: »In der Vergangenheit haben wir des Menschen Haus zu klein geplant. Die Seele ist doch größer und vielfältiger, als die Moderne uns glauben machen wollte.« (in: Denkanstöße 2000, München 1999)

Ist also etwas dran, wenn bei okkulten Praktiken Stimmen aus dem Jenseits auf Tonband eingefangen werden? Oder ist es der Nachhall aus Erinnerungen und Erlebten, die durch bestimmte Reize ausgelöst bzw. wiederbelebt werden? Die Spekulationen und natürlich viele betroffene Stimmenhörer verstummen nicht.

Man könnte aber auch sagen, dass alle gehörten Stimmen aus dem Reich des Unbewussten etwas mit den lebenden und verstorbenen Menschen zu tun haben, die eine wichtige Rolle im Leben eines Stimmenhörers haben oder spielen. Weiter: Reden wir Lebenden nicht zu wenig mit den uns wichtigen Menschen, mit denen, die alt oder krank sind oder auf dem Friedhof liegen? Man kann mit den Toten reden, mit ihnen beispielsweise etwas »begraben«, was schon lange nach Lösung und Versöhnung sucht. Immer mehr setzt sich schließlich die Meinung durch, dass das, was einmal war, auf ewig bleibt.

Die Toten sind nicht tot
Die Verstorbenen sind nicht verschwunden:
sie sind im dichten Schatten,
sie liegen nicht unter der Erde,
sie sind in den Bäumen, die rascheln,
sie sind im Wasser, das schläft,
sie sind in der Blüte, unter dem Volk,
die Toten sind nicht tot.

Die Verstorbenen sind nicht weg:
sie sind in der Brust der Frau,
im Kind, das weint,
in den Flammen des Feuers.
Die Toten sind nicht unter der Erde,
sie sind im Feuer, das erlischt,
sie sind unter den Gräsern voll Tautropfen,
sie sind in den wimmenden Felsen,
sie sind im Wald, sie sind im Haus.
Die Toten sind nicht tot.

Birago Dilop, Tanzania
aus: Bantu Customs in Mainland »Tanzania«, T: M. P. Tabora, Tanzannia –

Zitate
Der einzige Unterschied zwischen einem Heiligen und einem Sünder ist, dass jeder Heilige eine Vergangenheit und jeder Sünder eine Zukunft hat.
Oscar Wilde

Heilige sind heute unmöglich, da die Psychiater sie gleich in einer Irrenanstalt unterbringen würden.
Bloor Schleppey

Heilige werden verehrt, Märtyrer besungen, heldenhafte Glaubenszeugen gefeiert, nur das Wichtigste wird kaum bedacht: ihnen nachzufolgen.
Leoardo Boff

Ein Heiliger weiß nicht, dass er einer ist. Wüsste er es, so wäre er keiner.
Fridolin Stier

Seid nicht verzagt und traurig: Siehe, wir machen die Toten lebendig, Gott bringt das Geschöpf hervor, alsdann lässt er es heimkehren, auf dass er belohne die da in Gerechtigkeit das Rechtschaffene tun.
aus dem Koran

Als du zur Welt kamst, hat sich die Welt gefreut und du hast geweint. Lebe nun so, dass du – wenn deine Stunde kommt – mit Freuden gehen kannst, und die Welt um dich weint.
chinesisches Sprichwort

Nur durch die Liebe und den Tod berührt der Mensch das Unendliche.
Alexandre Dumas

Lieder
Wir könnten alle Engel sein *Netz/Janssens*
Mache dich auf und werde Licht *Gnadenthal*

SYMBOL: KELTISCHES KREUZ

Das Kreuz ist das Symbol der Christen. Doch das Kreuz ist nicht das Ende. Nur weil Jesus auferstanden ist und mit uns weiter lebt, bekommt alles seinen Sinn.

Die Sonne ist das Symbol des Aufgangs, des Neuanfangs. Besonders in Irland wurde das ursprüngliche Symbol (Kreis und Sonne) bei der Christianisierung mit dem Kreuz vereinigt. Dieses »kosmische Weltenkreuz« besagt auch, dass Mensch und Welt eins sind in der Harmonie der Schöpfung, dass der Mensch aufgehoben ist im Heilsplan Gottes und dass sich das irdische Leben mit dem Leben danach verbindet.

Um das zu verdeutlichen, kann man an einem Grab mit Blumen ein keltisches Kreuz legen.

Gemeinschaft der Glaubenden

ZUGANG

Alle Menschen glauben an etwas und die allermeisten glauben an das Gute im Menschen. In allen Kulturen und Religionen haben die Menschen einen bestimmen Glaubenshintergrund.

Wenn an die Christen die Frage gestellt wird, was das Wichtigste für sie ist, dann werden sicher Aussagen wie »Nächstenliebe« und »Eucharistie« am häufigsten kommen. Das sind auch die Kernpunkte der Christen und das waren die wichtigste Aufträge Jesus an seine Jünger.

Aber im Glaubensbekenntnis sind diese Kernpunkte nicht zu finden. Dort heißt es lapidar, dass er von den Toten auferstanden und in den Himmel aufgefahren ist, dort zur Rechten des Vaters sitzt und einmal wieder kommt in seiner Herrlichkeit. Dass er schon jetzt bei uns und immer wieder unter uns ist, wenn »zwei oder drei sich in seinem Namen versammeln« (Mt. 18,20), das steht nicht im Glaubensbekenntnis! Und in diesem steht wahrlich nicht nur, an wen wir glauben, sondern auch an was, zum Beispiel auch an die »Vergebung der Sünden«.

ANSÄTZE ZUM HANDELN

Die 10 Gebote Gottes
– bezeugt durch Jesus Christus –
1. Du sollst Gott in deinem Herzen aufnehmen
2. Du sollst alles Geschaffene ehren
3. Du sollst dein Heil im Heiligen suchen
4. Du sollst alle Menschen achten
5. Du sollst keine Gewalt anwenden
6. Du sollst dich in Liebe üben und Treue halten
7. Du sollst dich für Recht und Gerechtigkeit einsetzen
8. Du sollst dein Reden und Handeln aus der Wahrheit gestalten
9. Du sollst in Einfachheit leben
10. Du sollst dich nicht über andere Menschen stellen

Warum ich die »10 Gebote« neu formuliert habe:
Ein junger Mann kommt zu mir wegen Verweigerung des Kriegsdienstes und als Hauptgrund nennt er das 5. Gebot Gottes: Du sollst nicht töten! Im weiteren Gespräch wird einiges klar: Es heißt dort nicht, »du darfst nicht«, sondern »du sollst nicht«. Auf den Gesetzestafeln am Sinai stand nicht »Du sollst nicht töten« (hebr: lo horag), sondern »Du sollst nicht morden« (hebr: lo tirzach). Martin Luther hat in seiner Übersetzung nicht zwischen Mord und Totschlag unterschieden. Doch die Menschen des alten Testamentes unterschieden klar, wie uns dies H. W. Metzing darlegt. Das Töten war nämlich damals durchaus erlaubt, und zwar nicht nur im Krieg (siehe Steinigung einer Ehebrecherin). Verboten war das Morden in heimtückischer Absicht und dann, wenn daraus ein Vorteil erzielt werden sollte.

Der junge Mann in der Beratung kam zum Nachdenken und gemeinsam erkannten wir, dass es bei Jesus eine andere Bewertung für Leiden, Töten und Sterben gab.

Die 10 Gebote, die Moses vom Berg Sinai dem Volk brachte, können wir nicht so ohne weiteres als »Gebote Gottes« übernehmen, wenn wir sie nicht im Lichte Jesu hinterfragen!

Überzeugter Glaube – überzeugtes Handeln
Clemens von Alexandrien wurde einmal gefragt, was er tut, wenn er einen Menschen zum christlichen Glauben hinführen will. Seine Antwort: »Ich lasse ihn ein Jahr in meinem Hause wohnen.« Nicht durch noch so gute Predigten oder Seminare wächst der Glaube, sondern im Handeln!

Bei einer Dekanatsversammlung stand einmal ein Mann auf und beklagte sich, dass in den Familien nicht mehr gebetet wird. Eine bedrückende Stimmung breitete sich aus. Hätte dieser Mann über die Gebetspraxis bei ihm zuhause erzählt, vielleicht auch nur von den mühsamen Versuchen, hätte das uns allen geholfen und Mut gemacht. Der Wille zum Glauben kann nur durch ein Handeln sichtbar werden!

In der Aussage »Ich glaube« kommt immer auch eine gewisse Hilflosigkeit zum Ausdruck und meine noch so glaubhafte Beteuerung kann ich nie beweisen. Erst wenn ich meinen Glauben in die Tat umsetze, werde ich vor mir selbst und vor anderen glaubwürdig. »Die beste Predigt«, sagte einmal ein Arbeiter,« war die, als unser Pfarrer an der Spitze des Demonstrationszuges gegen die Schließung unserer Fabrik gegangen ist.«

Kloster: Glaubenszellen der Hoffnung

Wie auch andere Religionen kennt das Christentum schon seit jeher Gemeinschaften von Christen, die sich für einen intensiveren Glaubensalltag zusammen geschlossen haben. In solchen Orden ist der Glaube zumeist viel lebendiger und überzeugender weiter gegeben worden. Neben einer festen Gebets- und Meditationspraxis wurden viele »Aufgaben der Nächstenliebe« und Impulse der Hoffnung gegeben. Angefangen von der Felder- und Gartenwirtschaft über die Erziehung bis hin zu Krankenpflege und Kultur.

Doch vieles davon wurde längst von der Gesellschaft geschluckt und die Intension und Ausrichtung vieler Klostergemeinschaften wird von jungen Christen nicht mehr als eine Motivation für die heutige Zeit gesehen.

Nehmen wir an, eine Klostergemeinschaft würde heute sich das zur Aufgabe machen, was zum einen eine wichtige Christenpflicht ist und zum anderen schändlich von der Gesellschaft missachtet wird, nämlich die Bewahrung der Schöpfung:
– Im Einklang mit der Natur leben
– Den eigenen Konsum konsequent natur- gesundheitsgerecht ausrichten
– Impulse setzen für den Umgang mit Energie, die regionale Vermarktung und naturorientierte Gesundheitspflege.
Es gibt noch andere Aufgaben, die für unsere Zeit wichtig und gefordert sind, z.B. Einsatz für Frieden und Gerechtigkeit oder: Leben und Einsatz mit den Ausgestoßenen dieser Gesellschaft. Zaghafte Versuche gibt es bereits!

Es ist zu vermuten, dass diese »Glaubenszellen der Hoffnung« Anreiz für junge Christen wären und ein Motiv, die Gemeinschaft in einem Orden zu suchen.

MATERIALIEN ZUM THEMA

Was die Menschen glauben
Die Reichen glauben, dass er reich war an Kraft und Stärke.
Die Besitzlosen glauben, dass die arm und besitzlos sind, das Land erben.
Die Liebenden glauben, dass er die Liebe in die Welt brachte.
Die Wundersüchtigen glauben, dass wir uns noch einmal wundern werden.
Die Zweifler glauben, dass man das ganz anders sehen muss.
Die Hungrigen glauben, dass er ihren Hunger stillt.
Die höheren und (er) Würdigen glauben, dass er Würde gezeigt hat.
Die Revolutionäre glauben, dass er revolutionär war.
Die Frommen glauben, dass er fromm wie ein Lamm war.
Die Glaubenden glauben, dass sie glauben.
Die Nichtglaubenden glauben, dass sie nicht glauben.

Wenn zwei oder drei
Wenn zwei oder drei sich wirklich mögen,
dann genügt oft ein schneller Blick.
Große Worte sind nicht mehr vonnöten,
denn mit ihnen ist das große Glück.

Wenn zwei oder drei ganz ehrlich reden
und das nur sagen, was auch nützt,
spinnt sich ein Netz aus vielen Fäden
und ein neues Tun, von Gott geschützt

Wenn zwei oder drei zusammen essen,
wächst der Hunger, Lust zum Leben.
Einsamkeit und Leere sind vergessen
und Gott schenkt dazu seinen Segen.

Wenn zwei oder drei auch wirklich teilen,
wenn jemand in Bedrängnis ist,
kann ein Unrecht schnell verheilen,
ein gutes Zeugnis von Jesu Christ.

Wenn zwei oder drei zusammen kommen,
für sein Wort und brechen das Brot;
er selbst wird bei ihnen wohnen,
mit diesen zwei oder drei vor Gott.

Mahatma Gandhi schreibt
Geradezu wie der Körper nicht ohne Blut existieren kann, so bedarf die Seele der unvergleichlichen und reinen Kraft des Glaubens. Diese Kraft kann die geschwächten Körperorgane im Menschen erneuern... Ein gläubiger Mensch trinkt mit jedem Atemzug den Namen Gottes.... auch wenn sein Körper schläft.

Zitate
Glaube ist der Vogel, der singt, wenn es noch dunkel ist
(Rabindranath Tagore)

Ich glaube, dass Gott uns in jeder Notlage so viel Widerstandskraft geben will, wie wir brauchen. Aber er gibt sie nicht in voraus, damit wir uns nicht auf uns selbst, sondern allein auf ihn verlassen.   *(Dietrich Bonhoeffer)*

Lieder
Gib mir deine Hand   *Seidel/Baltruweit*
Kleines Senfkorn Hoffnung   *Franz Kett*

SYMBOL: KREIS

Der Kreis ist ein Grundsymbol für Harmonie und für das Leben. Gerne treffen sich die Menschen im Kreis und dabei können sie erleben, dass jedeR jedeN sehen kann. Wie in einer Schutzhütte sind sie dann geborgen und haben eine Linie des Gemeinsamen gezogen. Ihr Gesicht ist auf die Mitte, zum Eigentlichen gerichtet.

Immer wieder kann und soll man zum Kreis bitten, wenn die Menschen sich verstreuen. Wenn die Situation passt, kann man sich dann an den Händen fassen und etwas sagen oder tun, was allen wichtig ist.

Gemeinschaft im Gottesdienst

ZUGANG

Manchmal gelingt es, dass eine Schulklasse bei einem dreitägigen Jugendhausaufenthalt zum Abschluss einen Gottesdienst feiert. Das ist dann meistens ein sehr lockeres Aneinanderreihen von Texten, Spielen, Liedern und anderes zu einem selbst gewählten Thema und nicht wenige legen auch darauf Wert, dass man dazu nicht Gottesdienst sagt.

Meistens steigern sich dann alle geradezu in diese »Lebensfeier« hinein: Es wird eine feierliche Mitte gestaltet, Zweige, Blumen, Steine und andere Naturmaterialien werden zum Schmücken des Raumes gesucht und mit Licht, Tüchern und anderen Elementen wird ohne große Eingabe ein liturgischer Raum gestaltet. Wenn für eine anschließende Agape Brot und Wein bereitstehen, suchen junge Leute auch gern nach passenden Texten und achten auf eine würdige Liturgie.

Alle Menschen suchen und sehnen sich nach Liturgie und Feier.

Manche, und das sind meistens die älteren Menschen, suchen bei einem Gottesdienst Andacht und Stille, aber es zeigt sich immer wieder, dass sich fast alle danach sehnen, die Liturgie aktiv mit gestalten zu können.

ANSÄTZE ZUM HANDELN

Zwei oder drei zusammen

Es sollen zwei oder drei sich finden und damit aus dem Einzeldasein eine Kleingemeinschaft werden. Wichtig ist dabei eine einladende und begründete Hinführung. Beispiele:
– Es sollten sich drei finden und sich zusammen setzen, die sich untereinander noch nicht kennen. (in einem Kirchenraum mit Bänken soll zum Herumgehen ermuntert werden)
– Zwei FreundInnen sollten jemanden zu sich herholen, den oder die sich noch nicht kennen.
– Es sollten immer ein Kind, ein Jugendlicher und ein Erwachsener beisammen sein.

- Es finden sich alle zusammen, die im selben Monat geboren sind
- Mit jenen zusammenkommen, die von einem anderen Ortsteil kommen.

Für diese Aktion braucht man Zeit und es muss immer wieder Mut gemacht werden, diesen Schritt zu wagen. Es macht aber auch nichts, wenn einige aus welchen Gründen auch immer, in ihrer angewöhnten Weise sitzen bleiben.

Mit diesem anderen Zusammensein feiern wir nun Gottesdienst.

Die große Handkette
Nichts entmachtet irdische Herrscher mehr und nichts hat eine größere Kraft und Wirkung, als wenn sich Menschen verbünden. Symbolisch gesehen heißt das, eine Handkette bilden. Die große Handkette von Neu-Ulm bis Stuttgart hat 1983 beispielsweise deutlich die nationale und auch die internationale Friedensbewegung geprägt und wesentlich dazu beigetragen, dass keine US-Mittelstreckenraketen stationiert wurden.

Ich bin oft Teilnehmer eines Gottesdienstes, bei dem der Gottesdienstraum fast immer überfüllt ist. Die Handkette beim »Vater unser« beeindruckt nicht nur, sondern stellt auch ein glaubwürdiges Zeichen jener dar, die miteinander glauben und sich als Gemeinde einbringen wollen.

Alle stehen und reichen sich die Hände, auch über Gänge und Altarraum hinweg. Niemand ist ausgeschlossen, sondern eingeschlossen und verbunden mit »Unserem Vater«, der uns trägt und miteinander verbindet.

Brot und Wein für alle
Einmal war ich Teilnehmer eines frühmorgendlichen Gottesdienstes, der nach einem abendlichen Fest und Zeltübernachtung stattfand. Es waren Kinder ab 10 Jahren dabei, junge Leute und Gruppenleitungen, Eltern und Nachbarn. Ein gut gelungener Gottesdienst und eine schöne Feier des Lebens! Bei der Kommunion wurde ein großes Fladenbrot geteilt und dann sagte der Vorsteher: »Aus dem Kelch sollten nur die Erwachsenen trinken, weil Kinder noch keinen Alkohol trinken dürfen!« Neben mir war ein etwa 11 jähriger Junge. Ich schaute ihn an und er mich und dann musste ich den Kelch an die übernächste Person weitergeben.

Zum einen wurde hier im eigentlichen Sinne kein »Alkohol konsumiert«, denn es nippten wirklich alle nur ein wenig davon. Auch schon deswegen, weil der Kelch nur bis zu einem Drittel gefüllt war. Zum anderen hätte man auch Traubensaft reichen können. Schließlich muss noch die Frage gestellt werden, ob es wirklich im Sinne Jesus ist, wenn bei einem solchen »Gemeinschaftsgottesdienst« nicht auch anwesende Kinder in das »Mahl« mit einbezogen werden. Damit soll keiner Verwässerung der Eucharistie das Wort gesprochen werden. Ein Gottesdienst im familiären und überschaubarem Kreis soll nicht von »Dürfen und Verboten« geprägt sein!

Agape auf dem Kirchplatz
Die Fundamente einer frühchristlichen Kirche zu Thessaloniki bezeugen, dass ein Seitenschiff der Kirche als Agape-Raum verwendet wurde. Nach der Feier des »Herrenmahles« trafen sich die Christen in Gemeinschaft beim Reden, Essen und Trinken.

In manchen Gemeinden wird heute bei besonderen Festen und nach dem Ostergottesdienst zaghaft versucht, ein ähnliches Angebot im Gemeinderaum zu machen. Meistens mit nicht allzu großem Erfolg!

Eine Möglichkeit ist (bei angenehmer Witterung) die »Agape auf dem Kirchplatz«. Nach dem Gottesdienst kann man draussen eine Tasse (Steh-)Kaffee trinken, ein Bier oder Wein. Dazu gibt es Brot oder kleine Brötchen. Wenn in ruhiger Lage und mit guter Atmosphäre Sitzgelegenheiten geschaffen werden, wird sich sicher nach und nach das ungezwungene Beisammensein einstellen. Das macht zusätzliche Arbeit! Stimmt, aber immer wieder kann man feststellen, dass es besonders jungen Leuten Spaß macht, etwas anbieten, zu bedienen oder verkaufen zu dürfen. Es ist zu vermuten, dass es der Wunsch aller Menschen ist, eine Möglichkeit und sozusagen eine Legitimation zu haben, andere Leute zu treffen bzw. auf sie zugehen zu können. Bei der »Steh-Agape« im Freien ist das möglich!

Weitere Gemeinsamkeiten
– Ein Gottesdienst wird immer im Team erarbeitet und geleitet
– Entweder alle ziehen feierlich in den Gottesdienstraum ein oder niemand!
– Vor Beginn des Gottesdienstes wird eingeladen, dass sich alle begrüßen. Dabei kann und muss man aus den Bankreihen aufstehen und durch den Kirchenraum gehen.

MATERIALIEN ZUM THEMA

Meditation des Kreises
Die meisten Kirchenräume sind kinobestuhlt ausgerichtet und von daher gibt es ein Links und ein Rechts, ein Vorne und ein Hinten.
Der Kreis dagegen hat kein Oben und kein Unten, keine Rangordnung und auch keinen herausgehobenen Punkt. Die Mitte liegt nicht in der Linie des Kreises, sondern im Zentrum. Der Kern und Mittelpunkt ist oder wird dann der eigentliche Grund der Versammlung. In diese Mitte stellen die Gläubigen das Licht, das Brot und den Wein – die Mitte ist Gott.

Einmal feierten wir mit Kindern und Jugendlichen einen Gottesdienst in einem Zelt. Trotzdem wurden die Biertischbänke in Kinobestuhlung, so aufgestellt, dass alle in einer Richtung nach vorne schauen mussten. Der Verantwortliche sagte hernach auf Nachfrage, warum die Biertischbänke nicht im Kreis aufgestellt wurden: »Daran haben wir nicht gedacht!« Bei einem Techno-Gottesdienst in einer Kirche mit Rundform und ohne Bestuhlung wurden ebenso Bänke in einer Richtung aufgestellt. Die Auskunft lautete: Die Musikverantwortlichen wollten das so! Es liegt die Vermutung nahe, dass das »Vorne« (statt dem »Kreis«) deshalb durchgesetzt wurde, damit manche im Lichte stehen können – und nicht die Gemeinschaft der Christen und den, den wir feiern, im Mittelpunkt stehen.
Bei der »Initiative Jugendkirche« in Weimar schleppten die Jugendlichen zuerst die Bänke aus der Kirche, um Platz für Theater, Konzert und Tanz zu haben. Sie haben etwas getan, was ihrem Bedürfnis und dem Gefühl nahe kam.

Zum Nachdenken
Der Stein des Anstoßes
Sie saßen zu Tisch und während des Mahles nahm Jesus das Brot und den Wein, gab es seinen Jüngern zum Verteilen und gebot, dies nach ihm weiter so zu tun. (vgl. Mt 26,26 u. Lk 22, 17+19)
Selten ist es heute ein Tisch, um den sich die Christen versammeln, oft sind es monumentale Steinaltäre. In einer Gemeinde wurde ein solcher »Steinklotz« auf dem gepflasterten Vorplatz der Kirche aufgestellt, um

auch Eucharistie im Freien halten zu können. Gerne halten sich dort Jugendliche mit der Flasche in der Hand auf, rauchen dabei und sitzen auch auf diesem Stein. Schon wiederholt gab es deswegen Ärger. Der Vorschlag, einen Abfallkorb und einen fest verankerten Aschenbecher dort aufzustellen, wurde mit dem Argument abgelehnt, dass dies den Ort entheilign würde.

In Ermangelung einer sinnvollen Beschäftigung »opfern« junge Leute ihre Freizeit an diesem besonderen Ort, lassen ihren »Weihrauch« dabei emporsteigen, reichen sich gegenseitig die Getränkeflaschen und hinterlassen in einer Blechschale auf dem »Opferstein« ihre Kippen.

Lasset uns gemeinsam singen
Immer mehr Brautpaare suchen sich für ihren Trauungsgottesdienst nicht nur einen Singkreis mit der Ausrichtung »Neue Geistliche Lieder«, sondern fragen auch gezielt nach einer Gospelgruppe. Ich vermute, dass es ein vorauseilendes Bemühen ist, ja nichts von dem zu bekommen, was so von althergebrachten Kirchenliedern in Erinnerung ist. Der so genannte Gospelchor präsentiert dann bei der Hochzeitsfeier dem Publikum Lieder, bei denen zum einen niemand mitsingen kann bzw. soll und zum anderen werden nur Melodien gehört, aber (großenteils) kein Text verstanden.

Es ist sicher eine Bereicherung, wenn ein Chor zwischendurch ein schönes Lied einbringt, aber ein (Hochzeits-) Gottesdienst ist kein Konzert, sondern hier feiert eine Gemeinde. Und das ist nur in einem Miteinander möglich!

Gut, dass es Kirchenchöre und Singkreise gibt! Ihre Aufgaben sind, das Singen der Gemeinde zu unterstützen und das Gemeinsame zu fördern!

Zitate
Ist der Kelch des Segens, über den wir den Segen sprechen, nicht Teilhabe am Blut Christi? Ist das Brot, das wir brechen, nicht Teilhabe am Leib Christi? Ein Brot es. Darum sind wir viele ein Leib, denn wir haben teil an dem einen Brot. *1. Kor. 16,16*

Wenn bei einer Liturgie nichts Göttliches aufscheint, dann ist es nicht Liturgie, sondern Magie oder Gewohnheit. *Josef Griesbeck*

Nicht wo der Himmel ist, ist Gott, sondern wo Gott ist, ist der Himmel
Gerhard Ebeling

Unser ganzes Leben ist ein Gottesdienst. *Novalis*

Lieder
Ein Fest der Freude *Manfred Porsch*
Wo zwei oder drei *Gnadenthal*
Let us break bread *Spiritual*

SYMBOL: WEIN

So wie sich der Traubensaft beim Keltern vermischt und zu einem Getränk wird, so werden auch die Menschen miteinander verbunden, die aus einem Becher trinken. So wie der Saft sich bei der Gärung umwandelt, so werden auch jene verwandelt, die den Wein trinken. Wenn sich Menschen in seinem Namen zusammentun, dann ist ER mitten unter ihnen. Wenn sie dabei das Brot brechen und den Wein in Gemeinschaft trinken, dann bleiben sie für immer in seiner Liebe.

Miteinander in einer Gemeinde

ZUGANG

Berichte von den nachjesuanischen Gemeinden geben ein Bild von Vertrautheit und Kämpfergeist, von Nachfolge und Gemeinschaft. Sicher gab es auch Auseinandersetzungen und Streit, aber ein gelebter Glaube und der Wille zu einem Miteinander waren spürbar.

Unsere Gemeinden sind dagegen eher geprägt von Unverbindlichkeit und Anonymität, von Distanz und einer Zerrissenheit im Glauben. Die Erwachsenen und Kirchenverantwortlichen beklagen das Fehlen der jungen Generation und die jungen Leute verweisen auf die allgemeine Rückständigkeit und einer langweiligen und lebensfernen Liturgie. Gemeinsam ist allen die Sehnsucht und Suche nach Lebenssinn und spiritueller Erfahrung. Die volkskirchlich orientierte Gemeinschaft der Glaubenden scheint sich aufzulösen. Christliche Gruppen und Gemeinden mit einer neuen Ausrichtung und einer neuer Struktur müssen wachsen!

ANSÄTZE ZUM HANDELN

Ein Leib und viele Glieder
Im Römerbrief, Kapitel 12 wird die Gemeinde und ihre Dienste beschrieben. Das gute Zusammenwirken und die verschiedenen Aufgaben können in einer Gruppe von höchstens 15 Personen im Spiel verdeutlicht werden.

Wir spielen Schiffsbesatzung!

Stellt euch vor, wir gehen auf ein Schiff und alle sollen eine Aufgabe übernehmen. Schreibt auf einen Zettel, was ihr am liebsten machen möchtet. Wir brauchen jene, die das Schiff betreiben und steuern, die für unser Wohl sorgen und man kann auch einfach nur Fahrgast sein.

Das Spiel beginnt und diese Fläche (benennen und zeigen!) hier ist unser Schiff. Wer beginnen mag, geht auf das Schiff und stellt oder setzt sich dorthin, wo er oder sie gerne sein möchte und sagt dann seine Aufgabe. Dann kommt die nächste Person dran.

Möglich ist es auch, dass die Leitung Aufgaben benennt und immer dann fragt, wer diese übernehmen will. Dabei kann man werben oder jemanden zu einer Aufgabe überreden, die sich vielleicht jemand an zweiter Stelle gewünscht hätte. Es kann aber auch sein, dass beispielsweise mehrere den Posten des Schiffskochs oder Kapitäns einnehmen. Spiel und Gespräch nehmen ihren Lauf mit dem Ziel, ein funktionierendes Miteinander zu bekommen.

Abschließend kann die Stelle bei Römer 12 gelesen und das Spiel ausgewertet werden.

Hängekreis

Dieses Spiel kann und soll zeigen, wie sehr es auf jeden Einzelnen ankommt und dass man in einer Gemeinschaft auf andere angewiesen ist. Eine Übung, die gut geeignet ist für Kommunion-, Firm- und Konfirmationsgruppen.

Wir fassen zum Kreis durch; am besten ist es, wenn man sich bei den Handgelenken umfasst. Jetzt verlagern wir ganz langsam unser Gewicht nach hinten. Langsam und immer mehr zurücklehnen. Wir werden getragen... Wenn man es richtig macht, kann man sich beim Zurücklehnen fast so fühlen, als würde man in einer Hängematte liegen.

Es kann sein, dass es beim ersten Mal nicht klappt. Dann sollten Verbesserungen eingebracht werden: alle gleichmäßig nach hinten lehnen; bei ungleicher Körperausrichtung Platztausch vornehmen...

Variation:
Alle Einser beugen sich gleichzeitig nach vorne, alle Zweier nach hinten.

Kontaktis

Gerade weil die Begegnung in unseren Gemeinden oft nicht stattfindet oder alles so halbanonym läuft, kann und soll bei passenden Gelegenheiten wie Gemeindefest ein Kontaktspiel mit Spaß und Aktion laufen.

Alle haben Zettel und Stift und schreiben zunächst drei Sachen von ihnen selbst auf, z. B.
– Dieses Kleidungsstück mag ich am liebsten
– Mein Lieblingsschriftsteller
– Diese Musik (-gruppe) mag ich

Dann geht es los. Die Aufgabe lautet: Suche möglichst viele Leute, die dasselbe wie du mögen! Schreibe immer den Namen dazu auf!
Alle, die in einer Sache die meisten Namen aufschreiben konnten, bekommen ein kleines Geschenk.

Variation:
Alle bekommen einen Zettel mit mehreren Aufgaben. Zum Beispiel:
- Suche eine Person, die Rock`n Roll tanzen kann
- Suche eine Person, die mehr als zwei Zigaretten am Tag raucht
- Suche eine Person, die schon einmal in Wien war
- Suche eine Frau, die bereit wäre, »Priesterin« zu werden
- usw.

Die Namen der gefundenen Personen sollten jeweils hinter der Frage dazu geschrieben werden. Anschließend findet eine kleine »Ergebnis-Runde« statt. Besondere Ergebnisse werden genannt und diese bereichern sicherlich das Miteinander!

MATERIALIEN ZUM THEMA

Das Einander
In der Zeit nach Jesu Leben, Sterben und Auferstehung versuchten die christlichen Gemeinden ein Leben aus seinem Geist zu gestalten. Damals wie heute ist dieses »einander« wichtig:

Sich *einander* begegnen
und »einander mit heiligem Kuss grüßen« (Röm 16,16)

Voreinander Achtung haben
und »mit Ehrerbietung einander zuvorkommen« (Röm 12,10)

Untereinander ertragen
und »sich einander unterordnen« (Eph 5,21)

Füreinander einstehen
und »einander die Lasten tragen« (Gal 6,2)

Voneinander lernen
und »einander von Herzen lieben« (1. Petr 1,22)

Zueinander stehen
und »einander annehmen« (Röm 15,7)

Beieinander bleiben
und »einander in Liebe ertragen« (Eph 4,2)

Nacheinander dienen
und »miteinander Gemeinschaft haben« (1. Joh 1,7)

Nicht *durcheinander* reden
und »einander Gutes tun« (1.Thess 5,15)

Aufeinander achten
und »aufeinander warten« (1. Kor 11,33)

Das *Gegeneinander* lassen
und »einträchtig füreinander sorgen« (1. Kor 12,25)

Nicht *auseinander* gehen
sondern sich zuerst »einander erbauen« (1.Thess 5,11)

Regeln für ein gutes Miteinander in einer Gemeinde
1 Grundlagen und Ziele immer neu einholen und bedenken
2 Ehrlichkeit in Beziehungen, Gremien und bei Gesprächen
3 Vorrangig immer wieder ein gutes Gesprächs- und Arbeitsklima schaffen
4 Alle Ideen und Initiativen ernst nehmen
5 Gemeinsame Konzeptentwicklung – Arbeitsverteilung – Eigenverantwortlichkeit in der Ausführung
6 Gegenseitiges Anerkennen der Persönlichkeit und der getanen Arbeit.
7 Nach allen Initiativen und Aktionen eine Reflektion.
8 Freude haben bei Erfolgen – Misserfolge gemeinsam tragen

Ausbrechen
Aus deinem Mauerhaus
brech aus, steh auf
und hol dir die Kraft heran,
die Kick und Pep dir geben kann.
Freiheit und Leben findest du
und Sicherheit auch noch dazu.

Aus deinem Alltagshaus
brech aus, steh auf
und trau dich an das ran
wo deine Seele atmen kann.
Dann kommt Freude in dein Leben
niemand wird sie dir mehr nehmen.

Aus deinem Träumehaus
brech aus, steh auf
und trau dich an das ran
wo man Geist Gottes spüren kann.
An Leib und Seele wirst du heil
und Heiligkeit wird dir zuteil.

Aus deinem Gewohnheitshaus
brech aus, steh auf
und trau dich an das ran
in der Versöhnung greifen kann.
Dann gehst du angstfrei durch die Zeit
und auch mit großer Offenheit.

Aus deinem Gästehaus
brech aus, stehe auf
und trau dich an das ran
was dir Begegnung bringen kann
Wo zwei oder drei sich sammeln
ist ER dabei und spricht: Amen

Aus deinem satten Haus
brech aus, steh auf
und trau dich an den ran
der deinen Namen mal ersann
Dann triffst du auf deine Wirklichkeit
und auch den Anker nach der Zeit.

Berichte aus der nachjesuanischen Zeit
Sie blieben aber beständig... in der Gemeinschaft. (Apg 2,42)
Ist das nicht die Gemeinschaft des Leibes Christi? 1. (Kol 10,16)
Die Gemeinschaft des Hl. Geistes sei mit euch. (2. Kol 13,13)
dass alle Dinge zusammengefügt werden in Christus (Eph 1,10)
Sie hatten alle Dinge gemeinsam (Apg 2,44)
Von dem her der ganze Leib...zusammengehalten wird. (Kol 2,19)

Zitate
Von den Ur-Christen erzählen die heidnischen Quellen als das Wichtigste, nicht welche Lehren oder Kulte sie hatten, sondern dass sie anders lebten.
Dorothee Sölle

Es gibt keine Gemeinschaft zwischen Sündern und Gerechten, denn es gibt überhaupt keine Gerechten.
Gertrud von Le Fort

Lieder
Wir wollen aufstehn, aufeinander zugehn *Clemens Bittlinger*
Dies ist mein Gebot *aus Amerika/Schreiber*
Ich bin der Weinstock *Kathi Stimmer-Salzeder*

SYMBOL: WEINSTOCK

Der Weinstock ist ein Symbol der Fülle und des Lebens. Gott ist der Weinbergbesitzer, der sich liebevoll dem Weinberg zuwendet (Mk 12, 1-9). Jesus setzte sich mit dem wahren Weinstock gleich, der tief im Boden wurzelt und dessen Rebzweige nur aus seiner Kraft leben können. (Joh 15, 1 – 8) Die Rebzweige sind die Glaubenden und davon gibt auch immer wieder dürre und unfruchtbare Ranken. Nur in der Sorge um den Weinstock (Zuschneiden) wachsen junge Triebe, die Frucht bringen.

Eine Weintraube liegt in der Mitte. Nach einer Zeit der Stille und des Nachdenkens können und sollen Gedanken dazu ausgesprochen werden. Danach nehmen sich alle eine Weinbeere, halten diese noch betrachtend in der Hand und essen dann gemeinsam.

Gemeinschaft in der Kirche

ZUGANG

Eine gute Gemeinschaft zeigt sich im Umgang untereinander, im Verhalten bei Konfliktfällen und nicht zuletzt, wie Entscheidungen zu Stande kommen.
    Bestehende kirchliche Strukturen sind großenteils hierarchisch und zeigen zumeist sehr deutlich, wer oder was etwas gilt und wer die Prioritäten setzt. Gern wird von der »Gemeinschaft in Christus« gesprochen, aber gleichzeitig wird eine Kultivierung zwischen so genannten Laien und Klerikern betrieben und was gilt, wird von oben nach unten durchgesetzt.

ANSÄTZE ZUM HANDELN

Die Kirche umarmen
Die Ortskirche ist Treffpunkt der glaubenden Menschen und wird auch von Nichtchristen respektiert. Eine Gemeinde nahm das Kirchweihfest zum Anlass und lud zu einer besonderen Verehrung dieses Gebäudes ein: Nach dem Gottesdienst stellten sich alle um die Kirche herum auf und reichten sich die Hände. Auf diese Weise wurde die Kirche umarmt. Eine Musikgruppe setzte ein und alle Beteiligten spendeten Beifall. Beifall für die Kirche, die Treffpunkt der Christen und Sinnbild der ganzen Gemeinde ist.

Jesus und die Kirche
Die einen sagen, dass Jesus keine Kirche wollte und keine gegründet hat. Andere sehen sich als das von Jesus gestiftete Volk Gottes in der Gemeinschaft seiner Kirche.
◆ Jesus wollte eine Kirche, damit seine Botschaft weiter lebt,
aber er wollte niemanden, der seine Stellvertreterrolle übernimmt.
◆ Jesus wollte, dass seine Botschaft allen Menschen und Völkern verkündet wird,
aber er hat nicht angeordnet, alles auf- und festzuschreiben.

◆ Jesus wollte, dass nur einer der »Heilige Vater« und alle anderen »Brüder« sind, (Mt. 23,9)
und er wollte keine Heiligkeiten, Ehrwürden und Hochwürden.
◆ Jesus dynamisierte
und er wollte nicht, dass nach ihm dogmatisiert wird.
◆ Jesus wollte zeigen, wie man den Hass durch Liebe überwindet
und er wollte nicht, dass Wiederverheiratete oder Homosexuelle ausgegrenzt werden.

Zur Debatte:
Verfassung für eine Kirche von morgen
1 Die Christen verstehen sich als eine Suchgemeinschaft nach dem lebendigen Gott. Ihre Quelle und ihre ständige Orientierung ist das Evangelium.
2 Ihre Glaubenskraft schöpfen sie aus der gemeinsamen Eucharistiefeier und der gegenseitigen Zusage der Liebe Gottes.
3 Alle Christen entfalten ihre Begabungen und Talente, indem sie in den Gemeinden und der Weltkirche füreinander einstehen und miteinander leben.
4 Alle Leitungen werden gewählt. In einer Gemeinde besteht eine Leitung aus einer Fachkraft (TheologIn – je nach Gemeindegröße ehren-, teil- oder hauptamtlich) und zwei Ehrenamtlichen (Mann und Frau). Eine Wiederwahl ist möglich.
5 Eine gewählte Leitung muss die Zustimmung und Ordination (Weihe) der nächst höheren Ebene erhalten.
6 Alle Dienste in der Gemeinde und auch darüber hinaus sind grundsätzlich jeder und jedem erwachsenem und gefirmten Gläubigen zugänglich.
7 Eventuelle hauptamtliche MitarbeiterInnen werden von der Leitung befristet angestellt; eine Vertragsverlängerung ist möglich.
8 Kirchenbeiträge werden von Christen direkt an die Gemeinde gegeben. Es gibt einen übergemeindlichen Ausgleich mit dem Ziel der Gerechtigkeit und der Solidarität.
9 Auf allen Ebenen gilt das Subsidiaritätsprinzip: Was auf der unteren Ebene in eigener Verantwortung geleistet werden kann, darf nur im Notfall von einer höheren Ebene übernommen werden. Alle Gremien haben

beschließende Funktion, sofern kein Widerspruch der übergeordneten Leitung eingebracht wird.

10 Auf allen Ebenen gibt es eine Trennung von Legislative (gesetzgebend), Exekutive (ausführend) und Jurisdiction, (rechtssprechend) zusammen mit einem Kontrollsystem. In allen Fällen muss gemäß der übergeordneten Verfassung gehandelt werden.

Schlussbemerkung:
Solange es keine kircheneinheitliche Regelung in diesem Sinne gibt, müssen die Christen bestehende Vorgaben akzeptieren und in Geduld und Nachsicht das Miteinander gestalten.

Gott allein ist oben
Die Frau des Zebedäus wollte, dass Jesus eine Rangordnung für ihre Söhne in seinem Reich schaffe. Und Jesus antwortete, dass nur sein Vater Plätze vergibt. Gott allein ist oben und niemals ein Mensch! Doch die Christen haben im Laufe der Jahrhunderte eine Hierarchie geschaffen, die denen Macht sichert, die oben sind. Zugespitzt könnte man sagen: Eine freie und demokratische Wahl wird in der katholischen Kirche so verstanden, dass die Spitze von jenen gewählt wird, die vorher von dieser Spitze eingesetzt wurden.

Gott jedoch will keine Spitzen und Spitzfindigkeiten, kein Oben und Unten und auch keinen Dirigismus. Demokratische Strukturen gibt es bekanntermaßen bereits seit Jahrtausenden und seit vielen Jahrzehnten haben wir im europäischen Sprachraum diese nicht nur wieder entdeckt, wir machen auch gute Erfahrungen damit. Die meisten Bürgermeister beispielsweise haben kein Hochschulstudium und werden nicht in besonderen Kursen auf ihr Amt vorbereitet. Sie kommen aus der Praxis und sind in den meisten Fällen gut qualifiziert. Ihre Ämter werden nicht nach Gesichtspunkten der Ausbildung und Gutdünken der politischen Obrigkeit eingesetzt, sondern von den Menschen, die ihnen das Vertrauen für eine Gemeinde oder Stadt geben.

Wer ohne der frühchristlich praktizierten Praxis einer Wahl über Ämter, Ordnungen und Mitchristen entscheidet, steht im Widerspruch zu den Weisungen Jesu!

Der Dom zu Salzburg
In Salzburg gibt es viele Kirchen; auch den so genannten Dom. Diese riesige »Gottesburg« hat drei Teile: 1. die erhöhte Apsis, die durch eine so genannte Kommunionbank (= Gitter) eine deutliche Trennung von der übrigen Kirche aufweist. 2. Im Langschiff sitzt durch einen überbreiten Mittelgang getrennt und kinobestuhlt die »Gemeinde«. Nur mit einem Fernglas könnte man als Gottesdienstbesucher eine Nähe zu dem Ort herstellen, wo Eucharistie gefeiert wird. 3. Das Querschiff weist in ihrem Zentrum einen großen runden Platz auf, über dem eine riesige Vierungskuppel thront. Dieser Platz verstärkt noch einmal die Trennung zwischen der Klerus- und der Gläubigenkirche.

Alles muss geschichtlich und im Hinblick auf die Kirchenbaukunst gesehen werden! Dome kann man heute nicht einfach umbauen oder zu Museen verwandeln! Aber man kann mit den gegebenen Möglichkeit gestalten, z. B, auf den großen runden Platz einen Tisch stellen und rund herum die eucharistische Gemeinde versammeln, denn bei den allermeisten Gottesdiensten sind es nicht mehr als 150 Teilnehmer, und diese finden hier Platz.

MATERIALIEN ZUM THEMA

Gebet des wandernden Volkes Gottes
Als das wandernde Volk Gottes zieh`n mit Jesus zum Vater wir hin.
Lasst uns, Brüder und Schwestern mit Freuden den Gott des Lebens feiern und seine Lobgesänge singen, wir, die versammelte Kirche.
Du hast zu einem Volk vereinigt:
Auswanderer und Gastarbeiter, Fremde und Einheimische:
Wir sind doch alle Pilger.
Wir bilden dein Volk, es ist heilig und sündig.
Schaffe in uns neue Herzen, verwandle sie durch die Liebe.

aus Brasilien

Positionen

»Monokratie, Alleinherrschaft einer Person, ist immer gefährlich. Selbst wenn die betreffende Person aus hoher sittlicher Verantwortung heraus handelt, kann sie sich in Einseitigkeit verlieren und erstarren.«
Josef Ratzinger

Es ist sicher richtig, dass nichts durch eine Mehrheitsentscheidung wahr werden kann. Doch über Glaubenssymbole und Glaubensausdrücke wurde in der Kirche fast immer abgestimmt. Alle Konzilien sind Diskussionsforen gewesen, wo am Ende die Mehrheit entschied.
Gotthold Hasenbüttl in Publik-Forum 5/98

Seltsamerweise hat sich gerade das, was Jesus nicht wollte, in der Institution Kirche durchgesetzt: Aus dem Willen nach Macht entstanden Hierarchien von Meistern, Lehrern, Väter aller Väter und Diener aller Diener.
Leonarda Boff

Die Herrschaft von Mensch über Menschen hat Jesus ausdrücklich ausgeschlossen
Norbert Greinacher

Wer allen vorstehen soll, soll von allen gewählt werden.
Papst Leo der Große. 5. Jahrhundert

Zitate

Die Welt ist der Dogmen übersatt, und die Menschen hungern nach Leben.
Milovan Djilas

Unter dem schlechtesten Kirchenregime kann jeder ein Heiliger werden, im totalitärsten Sklavenstaat ein jeder als Freier und Mensch sich bewähren.
Fridolin Stier

Sauerteig soll die Kirche sein, statt dessen werden die Leute sauer.
Franz Kamphaus

Lieder:
- Ich träume eine Kirche *Stork/Baltruweit*
- Ich sehe eine Kirche *Schulze-Bernd/Janssens*

SYMBOL: QUELLE

In allen Kulturen ist die Quelle ein Symbol lebensspendender Kräfte und Sinnbild der Rein- heit und des fruchtbaren Überflusses. Die Botschaft Jesu ist die Quelle für die Christen und das Volk Gottes braucht eine Kirchenstruktur, so wie das Wasser aus der Quelle den Bachlauf oder den Wasserkrug als Behälter braucht.

Auch wenn manche Menschen der Kirche als Institution eher kritisch gegenüber stehen, sie ist doch der Zusammenschluss der Christen, die die Botschaft Jesu hält, weiterträgt und vom Geist Gottes beseelt ist.

Miteinander der Konfessionen

ZUGANG

Es kann und soll nicht das Ziel sein, dass alle Konfessionen miteinander verschmelzen. Auch jede Einzelne christliche Kirchengemeinschaft soll sich sowohl in ihrer Ausrichtung entfalten, als auch die »Vielfalt in der Einheit« anstreben.

Bei allem Bestreben für ein Miteinander wird immer mehr wichtig, dass man das Gemeinsame tun und das Trennende respektieren soll. Besonders zwischen den bei uns bestehenden großen Glaubensgemeinschaften muss für wichtige Aufgaben in diesem Weltgefüge das Miteinander für das Wohl aller Menschen gesucht und gefördert werden.

Schon lange gibt es die Einsicht, dass die meisten Religionsgemeinschaften dieser Erde auf ihre Weise versuchen, das irdische Leben gut zu gestalten und das Leben danach aufnehmen.

ANSÄTZE ZUM HANDELN

Aktiv sein im christlich-ökumenischen Bemühen
1 Wir laden in die Gruppe ein (junges) konfessisonsverschiedenes Ehepaar ein und fragen im Besonderen:
– Habt ihr kirchlich geheiratet. Wenn ja, mit welcher Ausrichtung?
– Welche Gottesdienste besucht ihr und: getrennt oder gemeinsam?
– Was hältst du davon, wenn in einer Familie ein Kind evangelisch und eines katholisch erzogen wird?
– Wie werden die Kinder erzogen? Gibt es dabei Probleme (Schule, Erstkommunion/Konfirmation ..
– Versteht ihr euch mehr als »konfessionsverschieden« oder »konfessionsverbindend«?
2 Wenn jemand einen Freund oder eine Freundin hat mit anderer Konfession: Sie sollen erzählen, wie sie dazu stehen, ob und welche Rolle das spielt und wie sie die »Verschiedenheit« sehen.

Gemeinsames aller Religionen
(aus dem Schlussdokument der Delegierten aller großen Religionen in Japan, Oktober 1970)

Wir entdeckten, dass wir Folgendes gemeinsam besaßen:
- die Überzeugung einer grundlegenden Einheit der Menschenfamilie;
- einer Gleichheit und Würde aller Menschen;
- ein Gefühl für die Unverletzlichkeit des Individuums und seines Gewissens.
- ein Gefühl für den Wert menschlicher Gemeinschaft
- die Überzeugung, dass Gewalt kein Recht erzeugt, dass menschliche Kraft allein nicht ausreicht und nicht absolut ist;
- den Glauben, dass Liebe, Mitleid, Selbstlosigkeit und die Kraft des Geistes einer letzten inneren Offenheit stärker sind als Hass, Feindseligkeit und Eigennützigkeit;
- ein Gefühl der Verpflichtung, auf der Seite der Armen und Unterdrückten zu stehen, gegen die Reichen und die Unterdrücker;
- die tiefe Hoffnung, dass letztlich das Gute siegen wird.
(aus: Homer Jack (Hrsg.), Religion for Peace, New Dehli 1973, IX)

Ich glaube
♦ Ich glaube, dass mich Gott einmal nicht fragen wird, in welche Religionsgemeinschaft ich hineingeboren wurde. Aber er wird mich fragen, wie ich mit und in dieser Gemeinschaft gelebt habe.
♦ Ich glaube, dass mich Gott einmal nicht fragen wird, ob ich jüdische oder schamanische Gebete gesprochen habe. Aber er wird mich fragen, ob ich das Gebet gesucht habe.
♦ Ich glaube, dass mich Gott einmal nicht fragen wird, welche Gebote ich gehalten habe und welche nicht. Aber er wird mich fragen, ob ich nach dem zentralen Gebot der Liebe und des Friedens gesucht habe.
♦ Ich glaube, dass mich Gott einmal nicht fragen wird, wie viel Weisheit und Kenntnis ich von den Kulturen und Religionen gesammelt habe. Aber er wird mich fragen, wonach ich mich gesehnt und für was ich gelebt habe.

Zitate

Das religiöse Gespräch muss wirklich ein religiöses sein, nicht bloß ein Austausch von Lehrmeinungen oder gelehrten Gedanken.
Raimundo Panikkar

Ich brach als ein Christ auf, ich fand mich als Hindu wieder und kehrte als ein Buddhist zurück, ohne je aufgehört zu haben, Christ zu sein.
Raimundo Panikkar

Gott kam vor 2000 Jahren nicht als Baptist, Zeuge Jehova oder Katholik zur Welt, sondern als Mensch.
Josef Griesbeck

Es gibt nur eine Religion, obwohl es Hunderte von Abwandlungen davon gibt.
George Bernard Shaw

Lieder
Nehmt einander an
Netz/Baltruweit
Warum denn bauen wir nicht Brücken?
Cocciaro/Henderson

SYMBOL: KREUZ

Das Kreuz ist das Symbol der Christen, die in 20 verschiedenen Konfessionen aufgespaltet sind. (ein gemeinsames Symbol aller Religionen gibt es nicht).
   Jesus Christus wurde gekreuzigt und hat nach christlichem Verständnis dadurch den Tod überwunden. Aus zwei kleinen Hölzern kann ein Kreuz gebastelt werden. Nimmt man dazu frische Äste der Sal- oder Korbweide, treibt das Holz; es bringt Blätter hervor und schlägt Wurzeln.
Sinnbild für die Überwindung des Todes.

Gemeinschaft im Gebet

ZUGANG

Für den gläubigen Menschen ist Beten ein sich Einlassen auf Gott und in Beziehung mit ihm zu treten. Viele tun sich allerdings schwer damit und es wird zu wenig gesehen, dass alles Wünschen und Hoffen, alle Fragen und alle Träume, alles hilflose Ausschau halten nach Lösungen schon Spuren des Betens sind.

Dieses Tun ist nie losgelöst von Mitmenschen, die man mag, mit denen man es schwer hat und von den Idealvorstellungen des Lebens hier und bis über den Tod hinaus.

ANSÄTZE ZUM HANDELN

Beten verändert die Welt
Gottes Erwartung an uns ist, was andere Menschen von uns erwarten und was für diese Welt wichtig ist. (nach Georges Bernanos). Im Beten, also im Dialog mit Gott, geschieht das, was für mich und für die Welt wichtig ist. Wer sich darauf einlässt, lässt sein Herz reden und seine Hände das tun, was notwendig ist.

Wenn sich in einer zugespitzten Situation in einer Kleinstadt 100 Menschen auf einen öffentlichen Platz zum Beten einfinden, dann bewegt das nicht nur die Betenden, sondern auch viele vom Ort und die Verantwortlichen. Selbst bei Nichtglaubenden hinterlässt das Spuren. Es wird sich etwas verändern!

Beten, was andere erbeten
Was jemanden wichtig ist und wonach jemand Ausschau hält, das können andere im Gebet mittragen. Das ist am besten in kleineren Kreisen oder bis 30 Personen möglich:

Alle schreiben auf vorbereitete Zettel anonym ihr Gebetsanliegen: Für einen besonderen Menschen, was sie gerade glücklich macht oder bedrückt usw. Die Zettel sollen gefaltet und in die Mitte gelegt werden. Nach dem Durchmischen holen sich alle wieder einen Zettel und lesen diesen nur für sich allein. Alle haben somit einen Gebetswunsch gelesen, sind geheime Mitwissende dieses Anliegens. Auf diese Weise wird ein Gebet auch zum Gebet eines anderen.

Anschließend sollen die Zettel wieder eingesammelt und vernichtet werden.

Die Kraft des Betens

Einige tausend junge Leute gingen an zwei Tagen gemeinsam einen 90 Kilometer langen Weg. Nach dieser Jugendwallfahrt sagt ein 22-jähriger junger Mann: »Besonders wenn ich an den Punkt kam zu meinen, dass es nicht mehr geht, dann bekam ich die Kraft von den anderen, die auch jammerten und litten, die sich wie ich auch nur mehr mühsam dahin schleppten und trotzdem oder gerade deswegen ein Leuchten im Gesicht trugen. Dann war es wichtig, dass etwas geschah. Ob singen, reden oder Rosenkranz beten, das war mir dann egal, Hauptsache die Zeit vergeht. Und ich wusste, dass die anderen genauso dachten. Ja, hier merkte ich, wie sehr das Beten mir Kraft gibt, obwohl es kein Beten im eigentlichen Sinn ist«.

Für andere beten

Beten ist ein sich Einlassen auf Gott. Es ist ein Dialog, der davon getragen ist, dass man Ängste und auch Sehnsüchte ausspricht, aber auch auf das hinhören muss, was Gott meint.

Das Beten verbindet mit Gott, aber auch die Menschen miteinander und gibt Kraft jenen, die sich von anderen getragen wissen. Das mag darin liegen, dass ich mich im Gebet mit jemanden beschäftige und folglich dann auch mit anderen Augen sehe. Vielleicht verändert mich das Gebet und eine andere Ausstrahlung geht von mir aus, so dass eine neue Beziehung wachsen kann und das alles, ohne dass er oder sie das wissen muss: Wenn ich mich betend für jemanden einbringe, schaffe ich nicht nur eine Beziehung mit Gott, sondern es bewegt sich auch etwas in meinem Umfeld und in den vielfältigen Beziehungen, die zum großen Teil von uns überhaupt nicht wahrgenommen werden. Mit diesem Hintergrund hat Albert Schweitzer formuliert: »Gebete verändern nicht die Welt, aber Gebete verändern die Menschen, und Menschen verändern die Welt.«

Mit anderen beten

Die Kraft des Gemeinsamen ist hinlänglich bekannt. Eine einzelne Person beispielsweise hat es schwerer, in einem Gremium etwas zu vertreten. Wenn mehrere Gleichgesinnte dabei sind, dann fühlen sich alle stark in dieser Sache.

So ähnlich verhält es sich auch beim gemeinsamen Beten. Dass jemand mit derselben Absicht sich mit anderen auf eine spirituelle Ebene begibt, bringt dem Einzelnen Kraft und Mut.

Es gibt viele Formen des gemeinsamen Gebetes. Beim sonntäglichen Gottesdienst können wir das gemeinsame Beten erleben, oft mit vielen hundert Menschen. Oder: Im sich abwechselndem Gebet beispielsweise wird das Mit- und Füreinander sehr deutlich. Es geht schon zu zweit, aber auch in Gruppen oder in großer Gemeinschaft: Einen Absatz lang betet die eine Seite, dann die andere.

MATERIALIEN ZUM THEMA

Ich – Du – Gott
— ein ganzheitliches Gebet –

Ich

1 (Alle stehen einzeln im Raum. Beide Hände gekreuzt auf die Brust legen)
Ich versuche, ganz bei mir selbst zu sein. Ich schaue in mich hinein und nehme mich wahr: Meine Gedanken, meine körperliche Verfassung, was mich gerade unruhig macht, oder zufrieden mit mir selbst.

2 (Beide Handflächen auf den Kopf legen)
Ich darf da sein und gut leben können. Ich darf immer entscheiden, was ich annehmen und was ich ablehnen will.

3 (Handflächen zur Schale formen und vor der Brust halten)
Ich will offen sein für das, was Gott mir sagen will. Ich will offen sein für andere Menschen und für sie da sein, wenn sie etwas brauchen.

Du
(Alle suchen sich eine(n) PartnerIn und stellen sich gegenüber auf)
1   Ich schaue dir ins Gesicht, weil ich wissen will, wer du bist und was du gerade über mich denkst. Ich versuche ein Lächeln, weil mir irgend etwas an dir gefällt.
2   (Wie oben, nun aber beide Handflächen mit der anderen Person aneinander legen)
Ich schließe die Augen und versuche über die Handinnenflächen mein Gegenüber wahrzunehmen. Ich spüre Nähe, ich spüre Wärme, ich spüre ein Pulsieren. Auch in unseren Gedanken und Gefühlen geschieht ein Austausch. Ich bin froh, dass mir jemand so nah gekommen ist und dass zwischen uns etwas hin- und her fließt.
3   (Augen öffnen und sich Rücken an Rücken stellen)
Ich lehne mich etwas zurück, lasse mich halten und stützen und gebe acht, dass ich weder meine Kräfte noch die des Partners überfordere.
So verbleibe ich eine Zeitlang in der Gewissheit, dass ich jemanden zur Last fallen darf und dass mich jemand trägt.

Gott
(Ich suche mir wieder einen Platz, an dem ich allein sein kann. Stehend neige ich meinen Kopf zur Erde)
1   Es ist mir bewusst, dass ich nicht alles kann und dass in meinem Leben nicht alles so läuft, wie ich es will.
2   (Hände mit den Handfläche nach oben seitwärts bis zur Kopfhöhe erheben)
Ich will mich erheben aus Angst und Unvollkommenheit und ich will offen sein für das, was nicht von Menschenhand gelenkt wird.
3   (Hände vor der Brust falten)
Ich bin ganz bei mir und ich konzentriere mich auf die Kraft, die aus meinem Inneren kommt und vom dem, der mein Leben geschaffen hat und mich trägt.

Abschluss
Ich schließe die Augen und gehe langsam im Raum umher. Ich achte darauf, mit niemanden zusammen zu stoßen. Deshalb gehe ich ganz behutsam.

Wenn ich selbst mit mir gut umgehe und auf andere Menschen achte, dann ist mir Gott auch ganz nahe.

Mit geschlossenen Augen gehen wir weiter und versuchen nun, links und rechts die Hände anderer zu ergreifen, um dann einen Kreis bilden zu können.
So halten wir eine Minute Stille.

Mitten unter uns
Komm mein Bruder, wir beten,
lassen die Arbeit und von gestern die Not.
Komm meine Schwester und suche
mit mir eine Verbindung zu Gott.

Wir sitzen im Kreis und wir schweigen;
lassen alles los und schaufeln uns frei.
Was wollen wir nun sprechen? Ja richtig:
was bewegt uns wirklich, uns Drei?

Wir sitzen schon lange, alle sinnieren
und doch, ein Gebet das finden wir nicht.
Aber wir spüren, Gott ist schon da,
jeder strahlt in seinem Gesicht.

Zum Nachdenken
Es ist anzunehmen, dass Gebet und Meditation den Kreislauf und die Nerven fördern. Das Beten verändert mit hoher Wahrscheinlichkeit auch den Geist des Menschen und der Geist wiederum beeinflusst den Körper in mess- und spürbarem Ausmaß.

Zitate
Wenn einer alleine träumt, ist es nur ein Traum. Wenn viele gemeinsam träumen, ist es der Anfang einer Wirklichkeit.
Dom Helder Camara

Wer betet, warte nicht auf Antwort, sondern antwortet betend auf das gehörte Wort.
Dorothee Sölle

Was zählt, ist Gebet, nicht die Gebete. *David Steindl-Rast*

Nicht daran, wie einer von Gott redet, erkenne ich, ob seine Seele durch das Feuer der göttlichen Liebe gegangen ist, sondern daran, wie er von irdischen Dingen spricht.
Simone Weil

Gott hört nicht auf die Stimme, sondern auf das Herz.
Cypria von Karthago

Lieder
Ein Gebet, das viele Stimmen singen *Kathi Stimmer-Salzeder*
Kumba yah, my Lord *Gospelsong*

SYMBOL: GEFALTETE HÄNDE

Wenn jemand seine Hände faltet, dann will er sich sammeln und etwas von sich zu Gott hinbringen. Dabei will man alles Störende ausschließen und eine nach innen gerichtete Konzentration herbeiführen.

Wir können an den Handinnenflächen die Schwingungen spüren, wenn wir diese nur ganz sacht aneinander legen. Mit diesem Bild können wir nachvollziehen, wie Impulse überspringen können und das, was aus unserem Inneren kommt, in den Kreislauf mit Gott eingeschlossen wird.

Besonders am Morgen vor dem Weggehen kann man die Hände falten und immer, wenn man beten will.

3. TEIL:

ZUSAMMEN LEBEN

Miteinander in einer Hausgemeinschaft

ZUGANG

Auch wenn derzeit bereits in einem Drittel aller Haushalte Singles leben, das Miteinander in einer Wohnung oder einem Haus wird von den meisten Menschen angestrebt. Ob als Paar, Familie, Wohngemeinschaft oder Großfamilie, das Zusammenleben auf relativ geringem Platz schafft elementare Beziehungen und fordert nicht selten heraus.

ANSÄTZE ZUM HANDELN

Hausregeln für ein gutes Miteinander
1 Jede und jeder ist wichtig und muss gehört werden
2 Alle müssen einen eigenen Bereich für sich haben
3 Gegenseitige Information vermeidet Missverständnisse
4 Wer Hilfe braucht, soll sie bekommen
5 Einmal am Tag sollen alle das Gemeinsame suchen
6 Fehler so ansprechen, dass es andere annehmen können.
7 Bereitschaft zum Verzeihen

Das Meinungsspiel
Das ist kein Spiel für so nebenbei oder weil man gerade Zeit hat. Die Spielausrichtung fordert Offenheit und das Sich einlassen in Beziehungsgeflechten und auch Emotionen.

Auch für andere Kreise ist dieses Spiel dann passend, wenn man bewusst das herholen will, was zuhause oder in Bezug auf Meinungen und »Vorurteile« läuft.

Das Ziel ist, sich das bewusst zu machen, was von anderen gedacht und geredet wird und dies mit einem anderen Rollenverständnis zurück gespiegelt zu bekommen..

Es sollen wenigstens 6 Mitspielende sein, die jeweils durch Los eine Rolle bekommen: Das hat den Vorteil, dass die Rollen anonymisiert werden und von daher zunächst frei geschrieben werden kann.
 Die Rollen sind: Kind, Jugendlicher, Eltern, Senioren, Kranke, Nachbarn.

1. Phase

Alle haben ein großes Blatt vor sich. Darauf soll oben die Rolle aufgeschrieben werden. Darunter: Was ist mir in dieser Rolle wichtig und welche Beziehungen habe ich zu den anderen?
Beispiel:
Rolle: Jugendlicher
Was denke ich?   frei sein, keine Belehrungen bekommen, von
                        Erwachsenen anerkannt sein.

2. Phase

Das Blatt wird nach rechts weiter gegeben.. Alle sollen nun aufschreiben, wie sie in ihrer Rolle jene Menschen erleben, die z.B. Jugendliche sind. Dann wird das Blatt weiter gegeben und zwar solange, bis das Blatt wieder auf den ersten Platz zurück gekehrt ist.

3. Phase

Alle nehmen nun Stellung zu den gemachten Aussagen und schreiben diese abschließend darunter.

4. Phase

Es folgt die Auswertung. Man beginnt mit einer Rolle und liest die wichtigsten Aussagen und dann die Stellungnahmen vor. So können bestimmte Vorstellungen oder Erfahrungen mit einem anderen Hintergrund gesehen werden. Beispiel: Die Aussage, dass Jugendliche noch unerfahren sind, kann von der »Rolle Jugendlicher« so beantwortet werden: Die Jugendlichen sind genauso erfahren wie die Erwachsenen. Zum Beispiel haben Jugendliche mehr Kenntnisse und Erfahrungen als Erwachsene in Sachen Musik, Videospiele, Inline-Skater usw.

Aus dem Takt
Am besten sitzen alle im Kreis und vereinbaren rhythmische Bewegungen, z.b. 4 mal in die Hände klatschen, dann 2 mal auf die Schenkel, dann aufstehen und schließlich 3 mal mit dem Kopf nicken. Das wird zunächst geübt und im Spiel immer wieder wiederholt.

Eine Person übernimmt nun die Rolle, diese Gemeinschaft zu sprengen, sie aus dem Takt zu bringen. Später können es dann auch zwei oder drei sein, die den gemeinsamen Takt stören wollen.

Nachher kann und soll man darüber reden: Über Irritationen und Konzentration, über Gemeinschaft und Ablenkungen.

MATERIALIEN ZUM THEMA

Offenes Haus
Wir versuchen, unser Haus für viele offen zu halten. Das heißt auch, dass wir unter Tage bewusst nicht absperren. Jede und Jeder soll jederzeit eintreten können. Wir haben viel Platz und wohnen von Natur umgeben. Wir sind der Meinung, dass wir diesen schönen Fleck mit möglichst vielen Menschen teilen sollten, die nicht das Glück haben, so schön wohnen zu können. Vor kurzem feierten bei uns Freunde ihre Hochzeit. Unseren Stadel haben wir zu einem »Festsaal« hergerichtet. Es war schön, unsere Räume für dieses Fest herzugeben. Wir möchten Leuten das Gefühl geben: Hier bist du willkommen, hier kannst du jederzeit eintreten. Auch viele Kinder spielen bei uns und nutzen die natürlichen Möglichkeiten für ihr Spiel. Obwohl unser Haus unter Tage meist offen ist, haben wir keine Angst, bestohlen zu werden. Wir legen keinen Wert auf materiell Wertvolles und wirklich wichtige Werte kann keiner stehlen.
Peter Schleindlsperger (43) Religionslehrer

Ein Hoch auf die Menschen
Ein Hoch auf die Menschen,
die zusammen leben
und trotz mancher Plagen
sich einander Gutes sagen.

Ein Hoch auf die Menschen,
die miteinander essen.
Die aufmerksam am runden Tisch
und freundlich unter sich.

Ein Hoch auf die Menschen,
die miteinander feiern.
Das Glas erheben zum Segen
und in guten Frieden leben.

Ein Hoch auf die Menschen,
die miteinander teilen.
Car sharing, Zeitung oder Job.
Ein Hoch auf diese und ein Lob.

Ein Hoch auf die Menschen,
die miteinander spielen.
Statt Video den Spaß mit dir,
zu Dreien oder gar mit Vier.

Ein Hoch auf die Menschen,
die miteinander singen.
Oder gar mit Klavier und Geige;
Stunden in voller Lebensfreude.

Ein Hoch auf die Menschen,
die miteinander wandern.
Die gerne miteinander gehen
einen Weg und durch das Leben.

Zum Nachdenken
Seit 1960 hat sich in den westlichen Industriestaaten die Zeit, die Eltern mit ihren Kindern verbringen, um zehn bis zwölf Stunden pro Woche verringert. *Victor Fuchs*

◆ Die durchschnittliche Gesprächszeit pro Tag liegt bei Paaren zwischen zehn und fünfzehn Minuten. (Michael L. Moeller)
◆ Bei den Lakota besaßen alle, ob sie stark oder schwach waren, die gleichen menschlichen Rechte. Jeder war verpflichtet, das Recht des anderen auf Kleidung und Nahrung zu respektieren und dafür zu sorgen, dass keiner benachteiligt war. Das war so selbstverständlich, wie der Sonnenschein, die reine Luft und der Regen allen gemeinsam gehörten.…Keiner war dem anderen untertan, aber jeder versuchte sich selbst zu beherrschen – Mütter, Väter, Schwestern, Brüder, alle ordneten sich freiwillig dem Wohl der Gemeinschaft unter. Und weil wir dieses Gesetz anerkannten, blieb keiner von uns je schutzlos und ohne Hilfe.

Luther Standing Bear

Geschwisterliches Miteinander

Für Jesus gab es kein Oben und Unten. Zu Männer wie Frauen pflegte er freundschaftliche Beziehungen ohne Unterschied und sowohl Arme und Reiche als auch Kinder und alte Menschen nahm er in gleicher Weise auf.
◆ Wir erinnern uns an Jesus, der Männer und Frauen zu seinen MitarbeiterInnen berufen hat.
◆ Wir erinnern uns an Jesus, der eine Ausländerin angesprochen hat (Joh 4,1ff)
◆ Wir erinnern uns an Jesus, der gegen den Willen der Erwachsenen Kinder in seine Arme nahm. (Mk 10, 13ff)
◆ Wir erinnern uns an Jesus, der Behinderte und unheilbar Kranke in das Leben zurückholte.
◆ Wir erinnern uns an Jesus, der die Mächtigen an den Sinn allen Daseins erinnerte.
◆ Wir erinnern uns an Jesus, der den Menschen im Menschen sah und keine Unterschiede machte zwischen Reiche und Arme, Frauen und Kinder, Sklaven und Herrscher.
◆ Wir erinnern uns an Jesus, der keine Gebotsregeln aufstellte und die Liebe als oberstes Gebot ausgab.

Hausparty im Hochhaus

Manche Leute mögen den Fahrstuhl nicht. Sie bekommen Beklemmungen oder Platzangst, wenn sie einen solchen benützen. Doch die Bewohner von Hausnummer 67 sind mehr oder weniger darauf angewiesen. 24 Stockwerke. Wer möchte schon jeden Tag vielleicht zwei oder sogar viermal 24 Treppen besteigen?

Im Haus Nummer 67 ist der Fahrstuhl jedenfalls fast pausenlos im Einsatz. Und das bis in die Nacht hinein; und bereits morgens um 5.45 Uhr benutzen jene Inwohner des Hochhauses den Fahrstuhl, die den Werksbus um 5.50 Uhr erreichen müssen, der unweit vom Hauseingang die SchichtarbeiterInnen in die 15 Kilometer entfernte Arbeitsstätte bringt. Die meisten Leute, die um 5.45 Uhr den Fahrstuhl benutzen, kennen sich nur vom Sehen. Manche wissen einiges von anderen Mitbewohnern, sind aber auf gebührende Distanz bedacht. Grußworte werden nicht, oder nur ganz sparsam gewechselt. Alle wohnen in ihren Hochhaushöhlen und halten fein säuberlich Abstand auch zu jenen, die nur einige Meter entfernt wohnen.

Eines morgens blieb der Fahrstuhl ungefähr im 7. Stockwerk hängen. Es half kein Notruf und kein Pochen. Vielleicht Stromausfall! Aber dann müsste sich wenigstens das Notstromaggregat einschalten und dabei wird zugleich der Hausmeister alarmiert. Schon einige Minuten stand der Fahrtstuhl still. Einige der nun stehenden Hausinsassen brachten nervös klingende Anmerkungen, die anfangs völlig unbeachtet blieben. Als sich aber nach immerhin drei Minuten nichts tat, kam Bewegung in den im Fahrstuhl festsitzenden Personenkreis. Frau F. überlegte laut, wie lange wohl der Sauerstoff in diesem Kleinstraum reichen würde. Doch der freundliche Herr von der Wohnung 342 beruhigte sie mit dem Hinweis, dass eine automatische und stromunabhängige Luftzufuhr immerwährend gewährleistet sei. Ein junger und gut aussehender Mann philosophierte betont und gelassen, dass nun wohl auch andere den Fahrstuhl benützen wollen und somit davon auszugehen sei, dass von außen inzwischen alles Mögliche unternommen werde. Aber ein grau melierter Herr wies ihn darauf hin, dass um diese Zeit niemand den Fahrstuhl benütze; vor 6.20 Uhr sicher niemand. »Weiß jemand von euch, was man noch alles tun kann?« fragte ein wenig aufgeregt eine junge Dame. Allen, die hier eingeschlossen waren und nie miteinander Kontakte pflegten, wurde spätestens mit dieser Frage bewusst, dass alle in diesem Kleinstraum ein ganz bestimmtes Ziel verfolgten und zu einer Gruppe, wenn auch ungewollt, verpflichtet waren. Das Gruppenziel lautete: Die schnellstmögliche Befreiung aus diesem unfreiwilligen Gefängnis. Als so gegen 6.43 Uhr die vom Hausmeister herbeigerufene Feuerwehr die sieben eingeschlossenen Menschen aus dem Lift des Hochhauses Nr. 67 befreite, wurden sie Zeugen teils erschütternder und teils rührender Szenen. Die einen hielten sich eng umschlungen, andere hatten sich an den Händen gefasst. Jemand streichelte sanft Frau F., die offensichtlich zusammengebrochen war und der graumelierte Herr trug die bewusstlos gewordene junge Dame auf seinen Armen aus dem aufgebrochenen Lift.

Es wäre noch zu berichten, dass sich diese Fahrstuhlgemeinschaft, die bisher täglich schweigend und in gebührendem Abstand jeden Tag für kurze Zeit zusammen war, am darauf folgenden Tag eine überaus kommunikationsfreudige »Hochhaus-Party« arrangierten.

Zitate
Wo die Herzen weit sind, da ist das Haus nicht zu eng.
Johann Wolfgang von Goethe

Besonders von höflichen Menschen, die immer und überall nur den Frieden wollen, strahlt eine so eigenartige Friedhöflichkeit aus.
Josef Griesbeck

Wo nichts läuft, lauft das Fernsehen *Sponti-Spruch*

Ein höchst verworrenes Quartier, ein Straßennetz, das jahrelang von mir gemieden wurde, ward mir mit einem Schlage übersichtlich, als eine Tages ein geliebter Mensch dort einzog.
 Es war, als sei in seinem Fenster ein Scheinwerfer aufgestellt und zerlege die Gegend mit Lichtbüscheln. *Walter Benjamin*

Lieder
Komm bau ein Haus *Barth/Netz*
Von guten Mächten wunderbar geborgen *Bonhoeffer/Fietz*

SYMBOL: FADEN

Der Faden ist das allgemeine Symbol der Verbindung. Man spricht auch vom »roten Faden« und meint damit einen bestimmten Gedanken, der sich durch ein Buch, einer Rede oder einem Bemühen durchzieht. Mit Fäden kann auch ein Netz gesponnen werden, das verbindet oder trägt.

Eine Probe kann das Symbol verdeutlichen: Alle bekommen einen Faden. Jemand demonstriert dann, wie leicht dieser gerissen werden kann. Dann werden alle Fäden zu einem kleinen Seil gedreht. Dieses Seil wird nicht reißen.

Gemeinschaft unter Freunden

ZUGANG

Wenn Menschen befragt werden, was ihnen im Leben ganz wichtig ist, dann steht »Freunde« in der Rangliste ganz oben. Wer nicht wenigstens eine Person in seinem Leben kennt, mit der er sich aussprechen oder der er etwas anvertrauen kann, vereinsamt nicht nur, sondern wird auch depressiv und eigenbrötlerisch.

Doch, »Freunde sind selten und selten allein« (Bittlinger). Mit Freunden muss man sorgsam umgehen und immer wieder versuchen, das Verbindende zu suchen und zu leben.

ANSÄTZE ZUM HANDELN

Spiele für Freunde unter sich

Das Spiegelspiel
Es bilden sich Paare, die sich gegenüber stehen.
Wichtig ist, dass nun das Folgende in Stille und guter Konzentration geschieht.
Eine Person beginnt mit Gesten, Figuren und Ähnlichem, die andere soll das Vorgemachte spiegelgleich nachahmen.
Bei der Anleitung ist hinzuweisen, dass alles langsam und nicht zu schwierig gestaltet wird.
Nach einer bestimmten Zeit wird gewechselt.
In einem zweiten Schritt beginnt eine Person. Ohne Absprache wird fließend die Führungsrolle gewechselt. – Auswertungsgespräche –

Das Wertespiel
20 Werte stehen zur Versteigerung bereit. Sie sind am besten auf einem Plakat für alle lesbar notiert. (z.B. Reichtum, Freundschaft, Sex, guter Ruf, guter Nachruf nach dem Tod, Liebe, Vorbild sein, Gesundheit, Held/in,

Nützlichkeit, für andere da sein, Ruhm, Macht, Schönheit, Intellekt, Abenteuer, Glücklich-sein, Weisheit, Erfüllung religiöser Ziele, Gemütsruhe, Zugehörigkeit zu einer Gruppe, Identität)

Jede/r Interessent/in hat ein Kapital von 20.000 DM.
Die Versteigerung beginnt. Die Versteigerungsregeln sind:
Wenn ich bei einem Wert mit gesteigert habe, wird mein Höchstgebot von meinem Kapital abgezogen, auch wenn ich den Wert schließlich nicht bekomme! Achtung: vorher gut überlegen, wo ich mitsteigere. Alle notieren selbst mit, bei was und mit wie viel sie jeweils mit gesteigert haben.

Auswertung:
Besonderer Wert ist auf das anschließende Gespräch zu legen: Wer hat was gesteigert und warum? Wer hat wenig oder nichts riskiert? Welche Werte habe Rangordnung bekommen und warum?

Was ich gut kann
Das Geheimnis einer Freundschaft besteht auch darin, dass die anderen wissen, was man gut kann und das auch schätzen

Jemand beginnt und sagt beispielsweise »Ich kann gut kochen!« Die nächste Person soll zunächst darauf Bezug nehmen und dann fortfahren. Zum Beispiel: »Ich koche nur mit anderen zusammen gern und ich habe einen guten Geschmack beim Einrichten einer Wohnung.« Die nächste Person muss daran anknüpfen: »In meiner Wohnung will ich keine Teppiche haben, aber farbenprächtige Vorhänge.« Und so weiter.

In den Kreis kommen
6 – 12 SpielerInnen stellen sich im Kreis auf und haken sich ein. Eine weitere Person soll versuchen, in den Kreis zu kommen. Es sollen mehrere Versuche mit verschiedenen Personen durchgeführt werden und alle SpielerInnen sollen möglichst realistisch handeln, d.h. nicht jemanden deswegen mit herein nehmen, weil .wir ja alle lieb und nett sind. Aber auch nicht die Haltung einnehmen: Das schafft niemand!
Hinweise:
– In den Kreis kommen kann bedeuten, wohl in der Mitte (Mittelpunkt!) zu stehen; oder auch als Mitglied im Kreis.
– Nach jedem (gelungenen) Versuch soll über die Erreichung des Zieles gesprochen werden: Sind alle mit den Methoden und Mitteln einverstan-

den (z.B. Absprache nur zwischen zwei Personen, Gewaltanwendung...)
– Wie zufrieden ist eine Gruppe nach dem Erreichen eines Zieles (durch Versprechungen, Drohungen, Kitzeln, Jammern...).
– Wie geht es der Gruppe im Kreis, wenn ein oder zwei Mitglieder ohne Rückfrage die Entscheidung der Aufnahme treffen?
– Das Spiel soll solange fortgesetzt werden, bis eine Möglichkeit gefunden wurde, hinter der alle stehen können (sachbetonte und faire Auseinandersetzung, überzeugen statt überreden, Voraussetzungen für ein gutes Miteinander schaffen).

Miteinander oder getrennt?
– Eine Reisegruppe feiert in einem Hotel Silvesterparty. Nach und nach bestellen einige eine weitere Flasche Sekt, aus der großzügig anderen eingeschenkt wird. Am Ende bezahlen alle getrennt, aber 5 Flaschen bleiben zur Bezahlung übrig.
– Ein kleines Hoffest zum Abschluss einer Aktion. Es wird vorher vereinbart, wer was mitbringt. Aber die Salate reichen nicht für alle und eine Schüssel Kartoffelsalat ist schnell geleert, weil sich die an vorderster Stelle reichlich davon genommen haben.
– Die einen machen Musik und die anderen wollen ohne Musik zusammen sitzen. Wieder andere wollen rauchen und andere stört das...
Absprachen reichen oft nicht aus! Manchmal muss die Leitung vorauseilend mitdenken und entsprechende Absprachen einleiten. Je größer der Kreis ist, desto anonymer geht es zu und desto mehr muss reglementiert werden.

Manchmal soll so etwas auch nicht allzu tragisch gesehen werden, denn durch Erfahrungen lernen alle – oder einige –.

Trotzdem: Manchmal muss man auch den Mut zu einem »Nicht – Miteinander« haben!

Das Freundschaftsband
Das Freundschaftsband ist wohl nicht mehr so »in« wie noch vor Jahren, aber besonders bei Kindern und Kids hat es noch einen hohen Stellenwert. Werden die Bänder in einer Gruppe geknüpft, dann kann das Miteinander und das Zusammenwirken sehr deutlich werden.

1. Teil
Alle bekommen einen Faden und man kann versuchen, diesen zu reissen. Klar, leicht zu schaffen! Dann werden mehrere Fäden lose zusammen gelegt und nun soll versucht werden, das Bündel Fäden zu zerreissen. Viele Fäden zusammen sind stark; wenn sie nicht nur lose zusammen sind, sondern auch ineinander verwoben, sind sie als Band noch mehr leistungsfähiger.

– Oft getraut man sich alleine etwas nicht, aber eher zu zweit oder wenn es mehr sind.

– Von gewaltbereiten Jugendlichen wird erzählt, dass sie einzeln oft ganz friedliche Menschen sind; erst mit anderen zusammen fühlen sie sich stark.

2. Teil
Das Miteinander kann schon im Vorfeld zum Tragen kommen. Man könnte die verschiedenfarbigen Fäden auflegen und jedeR nimmt sich nach Gutdünken. Man kann es aber auch so machen, dass jede Person eine Farbe übernimmt. Ich muss also zu jemanden hingehen und ein Band einer bestimmten Farbe holen bzw. erbitten. Dazu kann angeregt werden, dass man dabei ins Gespräch kommt: Warum diese Farbe? Welche Farben passen zu mir?

3. Teil
Knüpfen des Freundschaftsbandes

4. Teil
Möglich ist das Verschenken bzw. der Austausch der Freundschaftsbänder

MATERIALIEN ZUM THEMA

Nebeneinander
Einmal machte der Herzog von Orlèans Voltaire darauf aufmerksam, dass er als Schriftsteller ihm gegenüber einen gar zu vertraulichen Ton anschlug. »Sie vergessen«, argumentierte der Herzog, »dass ich doch immerhin weit über Ihnen stehe.« Voltaire antworte spontan: »Gewiss, Herr Herzog. Und das ist auch ein großes Glück für Sie. Denn es ist viel leichter über mir zu stehen, als meinesgleichen zu sein.«

Don't walk in front of me
I might not follow
Don't walk behind me
for I might lead
Just walk beside me
an be my friend.

unbekannt

Klassengemeinschaft
Ein Mädchen unserer Klasse wollte bei einer Fahrt nicht teilnehmen. Wir erfuhren dann, dass sich ihre Eltern das nicht leisten können. Wir dachten nach und beschlossen, eine Kuchen-Verkaufsaktion in der Pause zu starten. Einige brachten sogar zwei Kuchen mit, weil sie sich dachten, dass vielleicht jemand keinen mitbringt. Auch einige LehrerInnen brachten Kuchen mit und nahmen dann Küchenstücke nach Hause mit.

Als wir das Geld überreichten, sahen wir, wie bei unserer Mitschülerin die Freudentränen über die Wangen fließen. *Lisa, 16 Jahre alt*

Die Stachelschweine
Eine Gesellschaft Stachelschweine drängte sich an einem kalten Wintertag recht nahe zusammen, um, durch die gegenseitige Wärme, sich vor dem Erfrieren zu schützen. Jedoch bald empfanden sie die gegenseitigen Stacheln; welches sie dann wieder voneinander entfernte. Wenn nun das Bedürfnis der Erwärmung sie wieder näher zusammen brachte, wiederholte sich jenes zweite Übel, so dass sie zwischen beiden Leiden hin und her geworfen wurden, bis sie eine mäßige Entfernung voneinander herausgefunden hatten, in der sie es am besten aushalten konnten.

Artur Schopenhauer

So gerne möchte ich
Ich möcht so gern sein groß und stark
Angst überwinden, Rückgrat finden:
Bestehen kann den langen Tag.

Ich möcht so gern Stimme haben,
gehört zu werden, nicht nur auf Erden:
Unrecht und die Falschheit sagen.

Ich möcht so gerne dann und wann,
Leute haben, die mir auch sagen:
was ich mir selbst nicht sagen kann.

Ich möcht so gern in Freiheit sein,
mich entfalten, etwas gestalten:
Eingeschenkt nur den reinen Wein.

Ich möcht so gern geborgen sein,
mit Vertrauen, etwas bauen:
und gewiss niemals mehr allein.

Ich möcht so gern etwas wissen,
wer ich wirklich bin, was ist der Sinn:
Wird mich einmal wer vermissen?

Beziehungen im Freundeskreis

Die Zweier-Beziehung
Sie ist oft von Interessengleichheit und tiefer Verbundenheit geprägt und beide ergänzen sich nicht selten durch unterschiedliche Ausrichtungen und Begabungen. Oft übernimmt eine Person mehr oder weniger eine Führungsrolle.

Meinungsverschiedenheiten werden in der Regel direkt und offen ausgetragen.

Die Dreier-Beziehung
Es besteht bei jeder Person die Angst, dass die beiden anderen zu gute Beziehungen haben und dass dann die einzelne Person etwas abseits steht und/oder sich den Interessen der beiden anderen beugen muss.

Meistens übernimmt eine Person insgeheim die Wortführung.

Auf Interessen und das Individuelle aller soll verstärkt geachtet werden.

Die Vierer-Beziehung
Es entsteht ein Gefühl von Gemeinsamkeit und Stärke.
Gefahr, dass sich immer zwei verstärkt zusammen tun (Cliquen); oder: Jemand hat mehr oder weniger eine Außenseiterrolle, bzw. bei allen besteht die Angst, in diese Rolle zu kommen.

Ab fünf Personen
Der Gruppenprozess zeigt deutlichere Konturen.
Es zeigt sich klar, dass die einen mehr und die anderen weniger aktiv sind.
Deutlicher wird auch, dass sich einige eher mitreissen lassen (wollen) oder sich nicht so schnell wie die anderen entscheiden können.
Eine Außenseiterrolle wird von allen als störend oder gar drückend empfunden. Bei zwei Außenseiterrollen kommt es leicht zu Gruppenkonflikten.

Der Dritte im Bund
Nichts ist bedeutender in jedem Zustande, als die Dazwischenkunft eines Dritten. Ich habe Freunde gesehen, Geschwister, Liebende, Gatten, deren Verhältnis durch den zufälligen oder gewählten Hinzutritt einer neuen Person ganz und gar verändert, deren Lage völlig umgekehrt wurde.
Johann Wolfgang Goethe

Regeln für eine gute Konfliktlösung
1   Konflikte können nur dann erfolgreich gelöst werden, wenn alle »Gegner« in der Lage sind, ihre Bedürfnisse offen und ohne Vorbehalte auszusprechen.
2   Alles, was den Gesprächspartner verletzen kann, arbeitet gegen einen »dauerhaften Frieden«. Dazu gehören persönliche Diffamierungen, Verdächtigungen und Beleidigungen.
3   Das Einbringen zusätzlicher Kritikpunkte verwirrt und ist zu diesem Zeitpunkt ungeeignet
4   Jegliches Herunterspielen und Lächerlichmachen anderer Werte blockiert eine Verständigung.

5   Belehrungen und – wenn auch noch so gut gemeinte – Handlungsvorschläge werden als Manipulation und Bevormundung angesehen und häufig mit Abwehr und Gegenargumenten beantwortet.
6   Gefühlsäußerungen (Wut, Freude, Betroffenheit...) lösen bei Gesprächsgegner eher eine Verständigungsbereitschaft aus.
7   Argumente können überzeugen! Sie können aber auch Ohnmachtsgefühle auslösen, weil eigene Begründungen nicht (mehr) tragfähig sind und anerkannt werden. Argumente können wohl momentan ins Auge stechen, später aber einer konkreten Beweisführung nicht standhalten.
8   Manchmal kommt es zu keiner Konfliktlösung, weil bestehende Sachargumente (»du hast das mutwillig zerstört!«) im Vordergrund stehen und zerredet werden. Dahinter kann ein Beziehungskonflikt stecken (z.b. frühere Verletzungen). Nur die Beziehungsebene verspricht eine Lösung.
9   Konfliktlösungsversuche sollen abgesetzt oder verschoben werden, wenn betroffene Personen nicht anwesend sind.
10 Nur solche »Kompromisse« haben einen Sinn, bei denen beide streitende Parteien ohne Drängen und aus Überzeugung und Einsicht etwas von ihrer Position zurücknehmen können.

leicht abgeändert aus: J. Griesbeck, Kleines Gruppenleiterbuch, München 1988 – vergriffen

Der zerbrochene Ring

Eine Sage erzählt: Ein Ritter zog ins Heilige Land. Beim Abschied brach er einen Ring entzwei und gab eine Hälfte des Ringes seiner Geliebten.

Die Jahre zogen ins Land, und niemand hörte mehr etwas über den Verbleib des Ritters. Nun sollte das edle Fräulein einen anderen freien und ein Fest wurde angerichtet. Viele Menschen wurden zur Hochzeit geladen. Zuletzt kam ein ausgemergelter, lästiger Krüppel. Man wollte ihn wegjagen, aber er bestand darauf, von der Braut empfangen zu werden. So wurde sie gerufen und der Krüppel reichte ihr einen Becher mit Wein. Die Braut trank davon und entdeckte schließlich am Bechergrund die Hälfte eines Ringes. Sie blickte erschrocken auf, und eine alsbaldige Probe ergab, dass die beiden Ringhälften zusammengehörten. So erkannte sie ihren tot geglaubten Geliebten wieder.

Nach einer alten Sage

Um aufgenommen zu werden
In eine Clique oder einen Freundeskreis nicht aufgenommen oder ausgeschlossen zu werden, gehört zu den elementaren Lebensängsten.
Ganz krass wird das in der katholischen Universität Nijmegen praktiziert. Wer Mitglied im Studentenkorps werden will, muss sich in der Einführungswoche einem menschenentwürdigendem Ritual unterziehen, das die eigene Persönlichkeit brechen soll. So zum Beispiel: mit einer Zahnbürste den Marktplatz schrubben, Kotzunterricht erhalten, in Unterhosen in eine Kneipe gehen, zwischen den Brüsten ein Ei zerbrechen, einen Liter Hochprozentiges trinken, KZ-Spiele bis hin zum Genickbruch. Als ein junger Mann an den Folgen dieser körperlichen und seelischen Misshandlung starb, jubelten die Korpsmitglieder. nannten das einen tragischen Vorfall und hissten ihre Korpsfahne auf Halbmast. Das Justizministerium leitete wohl eine Untersuchung ein, jedoch der Dekan der Fakultät Biologie verteidigte diese »Spiele« und sagte: »Niemand wird zu etwas gezwungen«. Wer sich jedoch weigert, muss während des Studiums mit Schwierigkeiten rechnen, gilt als Außenseiter und erhält oft keine Unterkunft.
Daher nehmen junge Studenten alle Entbehrungen und Erniedrigungen auf sich, um Mitglied im Studentenkorps werden zu können.
nach einem Bericht der SZ vom 3.9.98

Segen der Freundschaft
Möge das große Geheimnis
dir seine ausgewählten Gaben senden.
Mögen Vater Sonne und Mutter Mond
ihre mildesten Strahlen
über dich gießen.
Mögen die vier Winde des Himmels
sanft über dich dahinwehen
und über die,
mit denen du dein Herz
und dein Haus teilst.

den Coabuila zugeschrieben

Zitate

Man mag drei- oder viertausend Menschen gekannt haben, man spricht immer nur von sechs oder sieben. *Elias Canetti*

Der Ursprung des Konflikts zwischen mir und meinen Mitmenschen ist, dass ich nicht sage, was ich meine, und dass ich nichts tue, was ich sage.
Martin Buber

Alles wirkliche Leben ist Begegnung. *Martin Buber*

Lieder

Miteinander gehen	*Krenzer/Janssens*
Gute Nacht Freunde	*Yondraschek*
Ich möchte, dass einer mit mir geht	*Hans Köbler*

SYMBOL: HERZ

Das Herz gilt als Symbol für Energie, Liebe, Zuneigung und Freundschaft. Wer einen Brief »mit herzlichen Grüßen« endet, meint mehr als bloße Freundlichkeit.

Für immer zwei anwesende Personen wird eine Herzform gesucht und auf Karton geklebt oder gezeichnet. Dann wird jedes einmal (immer mit anderer Ausrichtung) in der Mitte durchgeschnitten, alle in einem Korb gesammelt und durchgemischt. Alle nehmen sich ein »halbes Herz«. Und weil man nicht mit »halben Herzen« dabei sein soll, sondern mit ganzem, suchen sich nun alle jene Person, die die andere Hälfte besitzt.

Gemeinschaft in einer Gruppe

ZUGANG

Besonders junge Menschen wollen und suchen die Gemeinschaft mit anderen. Wenn sie sich allerdings auf Cliquen oder Gruppen einlassen, dann melden sich möglicherweise auch Ängste und Vorbehalte, von den anderen nicht anerkannt zu werden oder von einem Gruppengeschehen zu sehr vereinnahmt zu werden.

»Diese Angst kann der Mensch nur erfahren und überwinden, wenn er sich auf die Abhängigkeit von anderen einlässt – und das ist erst über die Dauer möglich«. *Stierlin*

ANSÄTZE ZUM HANDELN

Was ich möchte
a. In der Phase der Gruppenbildung

Alle Menschen haben in jeder Lebensphase eine Vorstellung vom Miteinander mit anderen oder im Zusammensein in einer Gruppe. In einer Gruppe wird stetig die Frage neu gestellt werden, was der oder die Einzelne will und mittragen kann und möchte.

In der Anfangsphase kann und sollen diese Vorstellungen in irgendeiner Form zum Ausdruck kommen. Eine einfache Möglichkeit ist das Legen eines beschrifteten Bandes in die Mitte.

In der Mitte kann ein Symbol gelegt werden wie z.B. das Abzeichen des Verbandes oder eine Schale (die mit den Wünschen und Vorstellungen aller gefüllt werden soll).

Alle haben Papier- oder Stoffbänder zur Verfügung und geeignete Filzstifte. Man soll auf das Band etwas in ganz persönlicher Ausrichtung schreiben und dabei soll der Satzanfang heißen: Ich möchte...«

Natürlich kann auch ein »Ich möchte nicht...« verwendet werden. Alle sollen sich Zeit lassen und wirklich ihre Vorstellungen einbringen.

Anschließend kann Gelegenheit zu Nachfragen und Anmerkungen

sein. Ob sich daraus sogleich Absprachen ergeben oder dies für den weiteren Gruppenprozess zurückgestellt wird, kann der jeweiligen Situation überlassen werden. Jedenfalls stellt dieser Kreis mit seinen Schriftbändern die Grundlage für die weitere Gruppenbildung.

b. Was mir wichtig ist

Im weiteren Verlauf der Gruppengeschichte stellt sich eine Vertrautheitsphase ein und hier kann die Frage nach dem eingebracht werden, was jedem Gruppenmitglied im Leben ganz wichtig ist.

Wiederum kann die Ausrichtung mit den Bändern genommen werden. Aber auch andere Elemente wie z.B. Holzscheiben, auf denen bis zu 5 wichtige Sachen aufgeschrieben und dann in die Mitte hinein gelegt werden.

In der Mitte steht eine (vielleicht selbst gestaltete) Kerze, die nach der Aktion und einem möglichen Austausch entzündet werden kann.

Gruppenbild mit Thema

Das Miteinander in einer Gruppe muss nach und nach erfahren und gelernt werden. Zumeist ist das Bedürfnis nach Gemeinschaft und der Zusammenarbeit vorhanden, aber im konkreten Tun wird oft deutlich, dass jedes einzelne Mitglied zuallererst die eigene Sache sieht und weniger das, was zum Gelingen einer Gemeinschaft wichtig ist. Beim Erstellen eines gemeinsamen Gruppenbildes wird das Zusammenwachsen gefördert

Erste Phase
Vier größere Zeichenblätter werden ausgelegt. Immer zwei oder bis vier Personen sollen ein Bild gestalten. Bevor aber jede Untergruppe beginnt, soll mit allen sowohl ein Gesamtthema vereinbart werden, z.B. Sonnenuntergang, als auch, wer was malt. Zum Beispiel Untergruppe 1 die Sonne, Gruppe 2 das Meer, usw.

Zweite Phase
Jede Untergruppe beginnt ihrem Thema gemäß mit dem Malen. Nach 5 Minuten (oder wenn die Musik abbricht) wechseln alle im Uhrzeigersinn auf das nächste Zeichenblatt und malen somit am Kunstwerk der anderen weiter. Auf diese Weise soll 3 – 4 mal gewechselt werden.

Dritte Phase
Alle vier Bilder sollen nun so zusammengefügt werden, dass ein gemeinsames Bild entsteht. Dabei können die einzelnen Kunstwerke auch parziell übereinander gelegt bzw. entsprechend zugeschnitten werden. Wenn die Gruppe will, kann sie dieses Gesamtbild auch noch vervollständigen.

Vierte Phase
Alle sollen sich darüber äußern,
a. was sie im Erstbild künstlerisch eingebracht haben
b. was sie bei anderen Bildern weiter gestaltet haben
c. was von ihren anfänglichen Gestaltungen verändert wurde und wie sie dazu stehen.

In der Gesamtrunde soll nun darüber gesprochen werden, wie das Bemühen Einzelner im Gesamtbild gesehen werden kann, wie andere damit umgehen und welchen Stellenwert das Miteinander hat.

Spiele zum Anfang

Dein Name
(wenn sich die Leute untereinander noch nicht kennen; aber auch, wenn sie sich kennen)
Alle schreiben ihren Namen groß auf einen Zettel und legen diesen in die Mitte. Jemand kann dann einen nehmen und sagen, was ihm zu diesem Namen einfällt.

Konzentrationsspiel
(wenn sich die Leute wenigstens mit dem Namen kennen)
Jemanden einen Ball zuwerfen und vorher den Namen sagen. Diese macht weiter, bis der Ball wieder zur Spielleitung zurückkommt. Dann dasselbe, nur schneller. Und: es wird ein zweiter Ball oder weicher Gegenstand (oder später dann auch ein dritter) zugeworfen, so dass gleichzeitig zwei unterwegs sind.

Gemeinsamkeiten
Es stehen viele Zettel und Stifte zur Verfügung. JedeR kann so viele beschriften, wie er will. Es soll jeweils oben der eigene Name aufgeschrieben werden. Darunter der Name einer anwesenden Person und dazu, was mich mit dieser verbindet. Zum Beispiel: Radfahren, Müsli essen, Krimi anschauen...
 Dann geht es los: Alle schauen zu, wenn jemand einen Zettel der Zielperson gibt. Stimmt es bzw. liegt eine Übereinstimmung vor, dann darf der Zettel zurückgegeben werden. Es ist das Ziel, zum Schluss möglichst viele Zettel zu haben, die Gemeinsamkeiten mit jemanden im Kreis aufweisen.

JedeR mit jeden
Besonders wenn man sich nach längerer Zeit wieder trifft, soll die Losung ausgegeben werden, dass alle versuchen sollen, ein kurzes Begegnungsgespräch mit allen zu führen. Es kann auch eine Aufgabe vorgegeben werden, z.B. Auf alle zugehen und drei Übereinstimmungen finden (Hobbys, Essen, Länder...)

Wer fehlt?
Mindestens 12 SpielerInnen, ab 8 Jahre
Alle gehen im Raum durcheinander und schließen die Augen. Eine TeilnehmerIn wird von der Spielleitung gebeten, sich auf den Boden zu kauern und dann wird eine Decke darüber gelegt.
 »Augen auf! Wer fehlt?«

Kreuzworträtsel
Ein großes Blatt Papier (Zeitungsmakulatur) wird ausgelegt. Jemand beginnt und schreibt mit großen Buchstaben seinen Vornamen darauf. Wer mag, kann weiter machen. Dabei muss der neue Name an den anderen angebunden werden, ähnlich einem Kreuzworträtsel.
 Haben das alle getan, dann kann es noch weiter gehen: Wohnort, Straße, Lieblingsbeschäftigungen...

Ein Herz und eine Seele
8 – 30 Personen stehen im Raum verteilt. Bei völliger Dunkelheit (auch »Augen zu«) soll versucht werden, ein »Herz aus Menschen« zu bilden, d.h. alle sollen sich so einfinden, dass miteinander ein Herz dargestellt wird. Augen auf – und das Ergebnis kann gesehen werden.

Andere Aufgaben: Stern, Ei, Banane, Dreieck, Welle, Baum, die Zahl 8 oder 3, Kelch...

Komm sing mit mir
Jede Gruppe hat ihr Ziel oder versucht, dies zu erreichen. Aber auch die einzelnen Mitglieder haben ihre Ziele und eines davon heißt, anerkannt zu sein und gebraucht zu werden. Besonders in einem Chor oder einer Band hat das einen hohen Stellenwert.

Ein Trompetensolo ist etwas wunderbares, ebenso ein Solo im Gesang. Jedoch gewinnt in einem Orchester bzw. einer Band und in einem Chor durch das Miteinander. Obwohl eine Geige zum Beispiel allein ein Ohrenschmaus sein kann, wird sie in Verbindung mit einer Querflöte zum musikalischen Genuss. Man ergänzt sich gegenseitig und im Zusammenspiel wird eine Optimierung erreicht.

Beim Gesang kann und ist ein Solo etwas Vortreffliches. Das Miteinander aller Stimmen im Chor rückt in die Nähe der Vollkommenheit.

Wir können mit einem einfachen Lied etwas ausprobieren.
Das Lied: »Bruder Jakob, schläfst du noch?« kann als die Verschiedenheit im Miteinander erfahren werden.
a. im Kanon gesungen
b. in der verschiedenen Sprachen nacheinander
c. in den verschiedenen Sprachen gleichzeitig mit mehreren Einzelstimmen bzw. Untergruppen
Kanon: Bruder Jakob, schläfst du noch
– andere Sprachen –

Französisch
Frère Jacques, frère Jacques, dormez vous? Dormez vous?
Sonnet les matines, sonnet les mathines, ding dong ding...

Englisch
Are you sleeping? Are you sleeping? Brother John, brather John, morning bells are ringing, morning bells are ringing: ding dong ding...

Skandinavisch
Mester Martino, campanaro, dormi tu, dormi tu, suona el campane, suona el campane. Ding dong ding...

Oder
Der Hahn ist tot, der Hahn ist tot, der Hahn ist tot, der Hahn ist tot. Er wird nicht mehr krähn, co co di, co co da, er wird nicht mehr krähn, co co di, co co da.

Englisch:	The cook ist dead....he will never sing...
Französisch:	Le coq est mort...Il ne dira plus...
Latein:	Galleus meus mortus est, Ille non cantabit...

aus Frankreich

Die Grenzen des Miteinanders

In jeder Gruppe gibt es Verbindendes und Trennendes. Das Verbindende kann so manche Unebenheiten tragen und auch ein Mitglied, mit dem man es schwer hat.

Manchmal fordert eine Situation die Gruppe bis zum Rande des Scheiterns heraus und dann kommen gerade in christlich orientieren Gruppen Argumente der Nächstenliebe und dass man das schon ertragen müsse. Bei Matthäus lesen wir im 18. Kapitel: »Wenn dein Bruder sündigt, dann geh zu ihm und weise ihn unter vier Augen zurecht....Hört er auch auf sie nicht, dann sage es der Gemeinde. Hört er aber auch auf die Gemeinde nicht, dann sei er für dich wie ein Heide oder ein Zöllner.« (Mt. 18ff)

Jeder Konflikt und besonders ein »gruppenschädigendes Verhalten« muss mit Gespür und manchmal auch mit Geduld bearbeitet werden. Niemals darf das ohne Betroffene, hinten herum und in verletzender Weise geschehen. Ein Fehlverhalten muss eingesehen und so gesagt werden, dass Betroffene damit etwas anfangen und sich verändern können. Wenn keine zufrieden stellende Lösung in Sicht ist, dann muss man allerdings auch den Mut zur Trennung haben! Eine Gruppe ist keine therapeutische Einrichtung und jede Gruppe hat auch ein Recht darauf, ihre Gemeinschaft zu schützen!

MATERIALIEN ZUM THEMA

Die Freundschaft der Tiere

Einst ging ein Jäger in den Wald, Vögel zu fangen. Er streute Samen und Korn, richtete Netz und Garn und versteckte sich. Nicht lange darauf kam eine Schar Tauben angeflogen. Sie ließen sich nieder, um die Körner zu picken, und waren sofort in dem Garn verfangen. Sie schlugen mit den Flügeln und versuchten sich zu befreien.

Da sprach die erste Taube: »Keiner von euch soll sich auf sich selbst verlassen. Dann sind wir verloren. Wir wollen alle miteinander auffliegen, vielleicht können wir dann dem Vogler entkommen.«

Die Tauben rissen das Netz mit sich empor und flogen mit ihm davon.
Fabel

Grundlagen für ein gutes Gruppenleben

1. Jede Gruppe braucht ein Ziel!

Ein Ziel kann auch Freizeitgestaltung sein. Aber auch: Eine soziale Aufgabe, Persönlichkeitsentfaltung, Singen, Leben aus dem Glauben oder mehrere Ziele zusammen mit der Betonung auf ein ganzheitlich-orientiertes Leben können das Ziel sein.

Die Zielsetzung liegt in der Koordination von Attraktivität des Angebotes, der Teilnehmerinteressen und den Umfeldfaktoren.

2. JedeR hat mit jedeM Kontakt!

Das ist nur möglich bei einer Größe von höchstens 12 TeilnehmerInnen.

3. Das Alter der TeilnehmerInnen muss entsprechen!

Grundsätzlich können immer Menschen verschiedenen Alters in einer Gruppe gut zusammen arbeiten. Es muss aber immer den Vorstellungen aller entsprechen. Bewährt haben sich: bis 9/10 – 12/13 – 15/16 –19 – junge Erwachsene – Erwachsene – Senioren.

4. Eine Gruppe braucht regelmäßige Treffen!
Mindestens einmal Monat, andernfalls bleibt ein Gruppenprozess auf der Strecke.

5. Die Leitung muss geklärt sein!
Ohne Leitung funktioniert besonders in den Anfängen auf Dauer keine Gruppe. Die Leitung kann auch wechseln.

6. Alle sind für ihr Verhalten verantwortlich!
Das gilt auch für das Einhalten von Entscheidungen. Das heißt auch, dass sowohl positive wie kritische Rückmeldungen frei eingebracht und Verstöße gegen die Gemeinschaft korrigiert werden müssen

7. Alle arbeiten mit!
Wenn sich jemand für eine Sache oder für eine Zeit herausnehmen will, dann muss das der Gruppe mitgeteilt werden. Dasselbe gilt das Fehlen bei einem Treffen.

8. Entscheidungen werden von allen getroffen!
Nicht demokratische Abstimmungen sollen im Vordergrund stehen, sondern ein Bemühen um die Zustimmung jener, die etwas anderes wollen.

9. Störungen haben Vorrang!

10. Jede Gruppe hat einen Anfang und ein Ende!

Zitate
Einzeln sind wir Worte, zusammen ein Gedicht. *Georg Bydlinski*

Wenn einer alles selbst machen will, braucht er sich nicht zu beklagen, dass er schließlich alles selber machen muss. *Henri Nannen*

Lieder
Wir sind viele *Kathi Stimmer-Salzeder*
Wenn du singst, sing nicht allein *Surmund/Edelkötter*

SYMBOL: PUZZLE

Ein Puzzle ist ein Zusammensetzspiel. Nur wenn viele Teile richtig zusammenkommen, entsteht etwas Ganzes, zum Beispiel ein Bild.

Ein großes Bild wird auf festen Karton geklebt und dann puzzleartig in so viele Teile geschnitten, als TeilnehmerInnen anwesend sind.

Alle nehmen sich nun ein Teil und miteinander wird versucht, das Bild richtig zusammen zu setzen.

Gemeinschaft mit Behinderten

ZUGANG

In einer jugendlichen Gruppe musste einmal ein Junge vorübergehend mit Krücken gehen. Alle anderen bettelten in diesen Tagen darum, auch einmal die Krücken ausprobieren zu dürfen.

Behinderungen gehören zum Menschsein und wir alle wissen, dass wir nicht nur unsere kleinen Behinderungen haben, sondern auch von heute auf morgen schwer behindert sein können. Auch wenn versucht wird, Behinderte in Wohnheimen gut zu betreuen und sie in ein Arbeitsleben einzubinden, bleibt die Frage, inwieweit sie in unserer Gesellschaft integriert sind und die Bereitschaft besteht, sich mit ihnen auf Gemeinschaftliches einzulassen. Gerade weil sie oft in behüteten Heimen leben, wächst unter uns die Scheu, mit ihnen normalen mitmenschlichen Kontakt zu pflegen.

ANSÄTZE ZUM HANDELN

Aktionsgruppe mit Behinderten
Es begann damit, dass eine Erzieherin vom Behindertenwohnheim an uns herantrat und davon sprach, dass die Behinderten sehr wenig Kontakt zur Außenwelt haben. Wir gründeten daraufhin eine Gruppe von etwa 10 Jugendlichen mit der Absicht, uns einmal im Monat mit Behinderten zu treffen.

Acht Jahre lang hielt diese Gruppe, allerdings mit ständigem Ausscheiden von jenen, die zum Studium kamen oder aus anderen Gründen nicht mehr dabei sein konnten.

Unsere gemeinsamen Aktivitäten waren bunt:
Spiele drinnen und draußen, Herbstwanderung, Diskobesuch, Heilmasken, Kegeln, Besichtigung der Behinderten-Werkstatt, Faschingsveranstaltung, Naturlehrpfad (rollstuhlgerecht!), Gasthausbesuch und vieles andere.

Darauf mussten wir achten:
- Es gab nicht zu viele, die sich für unsere Gruppe interessierten.
- Viele hatten Scheu davor oder Angst, sich nicht richtig zu verhalten
- Nach jedem Treffen trafen wir uns unter uns, um anstehende Probleme zu besprechen
- Besonders Mädchen und junge Frauen beklagten sich über ständiges aufdringliches Verhalten mancher männlichen Behinderten.
- Ein Bemühen bestand darin, immer wieder anzusprechen, dass man bei den Treffen nicht »unter sich« bleiben soll. Oder dass beispielsweise zwei mit gesunden Beinen einen Behinderten auf die Tanzfläche mitnehmen.

Auch über unsere Gruppe hinaus wurden noch Kontakte gepflegt:
Zum Beispiel Übernahme einer Pflegschaft, einige richteten eine Kleingruppe zur Freizeitgestaltung ein, Geburtstagseinladungen, Kurzgespräche und gemeinsames Bummeln, wenn man sich auf der Straße traf, u.Ä.

Es gibt viele Behinderungen
Mit dieser Aktion kann zum einen bewusst werden, dass es auch »unter uns« viele Behinderungen gibt und zum anderen, dass uns jederzeit eine Behinderung treffen kann.

Aus vielen vorgegebenen Begriffen nehmen sich alle einen heraus und zeigen dies pantomimisch. Die anderen sollen das erraten.

Beispiele:

Armbruch, drogenabhängig, sprachbehindert, Epileptiker, hörgeschädigt, schnarchen, Migräne, stottern, Diabetiker, keine Zeit, Kontaktschwierigkeiten, gefangen, Übergewicht, rauchen, Brille, tablettenabhängig, Zahnweh, musikabhängig, schwanger, Herzschrittmacher, verstopfte Autobahn, fernsehabhängig, Erkältung, gehbehindert.

MATERIALIEN ZUM THEMA

Wenn es stimmt
Wenn es stimmt,
dass Blinde einmal sehen werden:
die mit dem Blindenhund und den dicken Brillengläsern,
die den Ruhm nicht sehen und gerne ein Auge zudrücken;
warum dann nicht jetzt schon mit ihnen ihre Wege gehen?

Wenn es stimmt,
dass die Aussätzigen rein werden:
die mit den Allergien, die HIV-Infizierten,
die Ausgesetzten unter uns und mit unreiner Haut;
dann sollten sie schon heute unsere Freunde sein.

Wenn es stimmt,
dass die Lahmen einmal geh'n:
die mit dem Krückstock und mit offenen Füßen,
die im Rollstuhl und die Bandscheiben-Kranken;
dann nichts wie hin zu ihren einsamen Hütten.

Wenn es stimmt,
dass die Sprachlosen einmal eine Stimme haben:
die mit Sprachfehler und die kein Stimmrecht haben,
die Mongoloiden und die sprachlos sind in dieser lauten Welt;
dann sollten wir ganz schnell auf ihre Seite wechseln.

Wenn es stimmt,
dass die Armen einmal Gott schauen:
die Sozialhilfeempfänger und die mit der kleinen Rente,
die mit dem Hungerbauch in Afrika und die Erdbebenopfer;
dann müssen wir uns fragen, warum wir nicht bei ihnen sind?

Der Faden

Nur einmal in der Woche durfte eine Frau ihren Mann im Gefängnis besuchen und das auch immer nur für eine halbe Stunde. Man hatte ihren Mann nach einer Demonstration gegen die ungerechte Regierung verhaftet. Und weil gerade an diesem Tag ein Umsturz fehlgeschlagen hatte, wurden alle Demonstranten dieses Tages zu lebenslänglicher Zuchthausstrafe verurteilt.

Wenn die Frau ihren Mann im Gefängnis besuchte, wurde sie vorher einer gründlichen Leibesvisite unterzogen. Aber sie hatte bei ihren Besuchen immer einen anderen Rock an. In der Gefängniszelle zog sie dann immer heimlich einen Faden aus dem Rock und ihr Mann versteckte diesen sorgfältig. Eines Tages war es so weit: Er konnte aus den vielen Fäden ein Seil drehen. Und so gelang ihm die Flucht über eine hohe Mauer.

Zitate

Etwas Duft haftet immer an der Hand, der anderen eine Rose schenkt.
aus China

Es ist unmöglich, dass ein Mensch in die Sonne schaut, ohne dass sein Angesicht hell wird. *Friedrich von Bodelschwingh*

Lieder

Einsam bist zu klein	*Barth/Horst/Janssens*
Am Tag, als Conny Kramer starb	*Robertson/Weigel*

SYMBOL: VIER HÄNDE

Das ist das Symbol der Selbsthilfegruppen. In dieser Verbundenheit kommt der Wille zur gemeinsamen Kraft zum Ausdruck.

Immer vier Personen zusammen können das zeigen: Dazu steht man im Kreis. Man legt dabei seine rechte Hand an das eigenen linke Handgelenk. Mit der linken Hand umfasst man das rechte Handgelenk der links stehenden Person.

In dieser Formation kann man miteinander im Kreis gehen oder auch einen einfachen Kreistanz ausführen.

Gemeinschaft im Ort

ZUGANG

Das Sterben nimmt in vielen Orten seinen Lauf. Es verschwinden Dorfgasthäuser und die Einkaufsläden, die auch Treffpunkte für die Einwohner waren. Es sterben Bauernhöfe und viele gute Bräuche.

Doch immer mehr brechen aus der Isolation und Zentrumsorientierung aus, weil sie spüren, dass sonst die Menschen in den Landgegenden verkommen und ebenso wie in manchen Städten oder Stadtteilen eine träge Lebenswelt entsteht. Besonders in größeren Orten und dort, wo man in guter Zusammenarbeit die Wohngegenden auf dem Land nicht der Großvermarktung überlassen will, werden wieder Wein- und Burgfeste veranstaltet, Theaterfestivals und Bauernmärkte iniziert.

Wer mitmacht, erlebt Gemeinschaft!

ANSÄTZE ZUM HANDELN

Tante Emma-Laden
Kleine und auch manche größere Orte vereinsamen. Die Menschen eilen morgens in die Städte und immer mehr Dorfgasthäuser und Geschäfte schließen.

In Unterstall und Bergham im Landkreis Neuburg-Schrobenhausen haben die Bewohner eine ehemalige Lagerhalle der Bank gemietet und ein Dorfgeschäft aufgebaut. Dort gibt es nun wieder zu kaufen: Gemüse, Brot, Wurst, Eier Geflügel, Milch und Honig. Und das alles aus der Region. 20 Frauen finden dort eine Teilzeitbeschäftigung. Damit man nicht mehr in die 5 km entfernte Stadt fahren muss, gibt es auch wieder eine Reinigung, eine Lotterieannahmestelle und sogar einen Kaffeeausschank. Der Ort wurde wieder lebendig und man hatte wieder einen Treffpunkt. (nach einem Bericht der SZ vom 29.9.1997)

Gesundes Miteinander
Die Maxime der 60iger Jahre, wonach jedes Produkt zu jeder Zeit an jedem Ort der Welt sein soll, ist auf dem besten Weg, als geradezu sittenwidrig eingestuft zu werden. Eine gesunde Wirtschaft bleibt letztlich nur gesund, wenn der »gesunde Menschenverstand« nicht auf der Strecke bleibt. Dazu gehört beispielsweise im Nahrungsmittelbereich, dass gesunde Ware möglichst aus der Region angeboten wird. Besonders Landwirte sind dafür aufgewacht, regionale Erzeugnisse gezielter einzubringen. So kann man beispielsweise derzeit überall im Lande die Blumenfelder sehen mit der Einladung, diese selber zu schneiden. Warum sollen auch zu einer Zeit, in der es bei uns eine blühende Vegetation gibt, Blumen aus Holland oder Tomaten aus Israel eingeflogen werden?

Nehmen wir an, die Landwirte aus einer Region würden sich genossenschaftlich zusammen schließen und ihre Produkte anbieten, statt sie an den freien Markt abzugeben, der diese mit hohen Gewinnen verarbeitet und noch dazu chemisch behandelt und mit Plastikverpackung ausstattet. Diese Genossenschaft hätte dann beispielsweise in der Kreisstadt ein Gelände mit eigener Schlachterei, Obst- und Milchverwertung usw. Die Läden der Region würden mit frischer Ware beliefert und an der Zentrale könnte man auch zu fairen Preisen einkaufen. Inzwischen gibt es vielerorts kleine Bauernmärkte und diese erfreuen sich großer Beliebtheit. Weil zu uneffektiv gearbeitet wird, gibt es dort auch noch sehr satte Preise. Und: Hätten die Landwirte diesen Schritt einer genossenschaftlichen Zusammenarbeit bereits vor Jahrzehnten gemacht und eigene Handelsketten aufgebaut, dann gäbe es dieses so genannte Bauernsterben nicht in unserem Land!

Der rote Faden
Früher waren die Menschen im engen Bereich wie (Groß-) Familie oder am Ort mehr vernetzt; heute wird die Vernetzung vielgestaltig und weltweit in Kommunikation und Wirtschaft gesucht und manchmal müssen wir uns fragen, was ein Netz taugt und ob es in diesem modernen Netzwerk auch so etwas wie den roten Faden gibt.

Wenn es ein nicht allzu großer Kreis ist, der diesen Fragen nachgeht oder gezielt das Miteinander der Menschen sucht, dann kann diese Netzaktion eingebracht werden.

Alle bekommen 4 – 6 dickere Wollfäden mit einer Länge von 50 – 60 cm mit z. B. der Farbe weiß. Dazu einen gleich langen Wollfaden mit der Farbe rot. Alle stehen in losem Abstand verteilt im Raum, in dessen Mitte ein Symbol oder eine brennende Kerze steht. Von dieser Kerze aus wird ein ca. 1 m langer roter Faden auf den Boden gelegt, der unter den Anwesenden endet.

Mit den weißen Fäden sollen sich alle mit den Fäden der um sich stehenden Personen vernetzen, d. h. die Wollfäden gegenseitig anbinden. Gleichzeitig kann und soll versucht werden, durch das Netz einen roten Faden zu ziehen. Dazu soll die dem roten Fadenende nächststehende Person daran anknüpfen, und daran wieder eine nächste Person.

Es ist also notwendig, dass alle darauf achten, den roten Faden nicht irgendwo anzubinden, sondern immer fortlaufend an dem roten Faden, der von der Kreismitte aus geht. Am Kreisende oder auf einem Tisch an der Wand ist ebenso ein etwa 2 m langer Faden gelegt. An diesem soll der rote Faden enden bzw. angebunden werden. Es zieht sich also schließlich ein roter Faden durch das Netzwerk und dieser endet beispielsweise auf einem kleinen Tisch, auf dem eine Bibel aufgelegt ist.

Das Netz mit dem roten Faden kann anschließend über den Köpfen gehalten und dann am Boden abgelegt werden. Wer mag dazu seine Gedanken bringen?

– Vernetzt sein, am Netz hängen, Netzanschluss, Netzwerk, Netzarbeit, Netzgruppe.
– Am Netz hängen, im eigenen Netz hängen.
– Der rote Faden, der sich durch eine Sache zieht geht in zurück auf die englische Marine, die in alle Taue einen roten Faden eindrehen ließ, um sie als Besitz der Krone kenntlich zu machen. Der rote Faden kann als Leitlinie oder Orientierung gesehen werden.
– Was bedeutet dieses Netz mit dem roten Faden für mich/für uns?

Gemeinsamkeiten in einem Ort
– Car-Sharing (zwei Familien teilen sich einen Wagen, oder 5 Familien haben zwei Wägen.
– Obst-Bank (die einen haben zu viel Obst und die anderen müssen sich das im Supermarkt kaufen)
– Nachhilfe-Stunden

- Babysitter-Dienst
- Partnerschaften mit anderen Orten
- Musikunterricht organisieren
- Programm für neu Hinzugezogene
- Straßenfest
- Flohmarkt
- Heimatabend
- Bibelkreis
- undsoweiter

MATERIALIEN ZUM THEMA

Christus hat das Böse schon besiegt

Immer wenn sie die Pläne schmieden,
gegen jene oder wer nicht genehm.
Einer will den anderen überbieten;
Jemand klein zu kriegen wäre schön.

Dann bleib gelassen, mach`da nicht mit
Christus hat das Böse schon besiegt.

Immer wenn du blankes Unrecht siehst:
Für den Vorteil in die eignen Taschen.
Wenn dann auch noch der Spott einfließt:
Da kann man leider halt nichts machen!

Dann bleib gelassen, leb einfach mit
Christus hat das Böse schon besiegt.

Immer wenn Vorfahrt wird genommen:
Frech sich durchzusetzen und auch gewagt.
Wenn dich vor Schreck noch ganz benommen,
die Wut und auch die Rache plagt.

Dann bleib gelassen, mit ihm lach mit,
Christus hat das Böse schon besiegt.

Immer wenn sie ihr Recht verlangen,
und sich ganz cool in der Sache zeigen.
Verliebt in die Macht und ganz befangen,
und jemand wird auf der Strecke bleiben?

Dann bleib ganz ruhig, kämpf nicht mit
Christus hat das Böse schon besiegt.

Immer wenn Tödliches dich erschreckt,
ist noch jung und muss das Leben lassen.
Wenn lähmend dich die kalte Angst erweckt
Und die ganze Welt du könntest hassen.

Dann bleib gelassen, schweig einfach mit
Christus hat das Böse schon besiegt.

Der Schlittenberg

In einer kleinen Stadt auf dem Hügel gab es bis vor noch nicht allzu langer Zeit einen einzigen unbebauten Berghang. Man nannte ihn Schlittenberg und so wird er auch noch bis auf den heutigen Tag genannt. Wie aus dem Namen schon zu erdenken ist, tummelten sich immer hier die Kinder der Stadt, kaum waren die ersten Schneeflocken gefallen. Aus dem ganzen Stadtgebiet fuhren die Väter und Mütter ihre Kinder zum Schlittenberg. Die meisten aber zogen ihre Schlitten selbst heran und es war immer ein lustiges Treiben mit viel Spaß und Freude.

Als die Bulldozer kamen, war es gerade Sommer und die Kinder waren in den Ferien oder im Freibad. Niemand protestierte. Auch nicht die zuhause gebliebenen Erwachsenen! Lange Zeit davor, als im Stadtrat über die Bebauung des Schlittenberges beraten wurde, dachte auch niemand daran, dass dieser Hügel Schlittenberg heißt und auch dem Sinne nach verwendet wird. Ausgerechnet an dem Tag, als die Geschäfts- und Wohnbauten auf dem Schlittenberg fertiggestellt waren, fiel der erste

Schnee. In Scharen kamen die Kinder mit ihren Schlitten und Snowboards und belegten die Stufen zu den Kaufhallen und Hauseingängen. In Ermangelung einer Abfahrtsstrecke rutschten sie auf den vorzufindenden Treppengeländern und zwischen den aufgestellten Werbeschaukästen. Der Chef des dort größten Kaufhauses wurde informiert und nervös reagierend beauftragte er sogleich die Medienabteilung, ein Video-Schlittenspiel zu programmieren und auf den Markt zu bringen. Dieses gab es dann auch bereits nach wenigen Tagen zu kaufen und es wurde sogar zum großen Verkaufsschlager im Bereich des Einkaufszentrums am Schlittenberg. Allen Eltern und Pädagogen war und musste auch einsichtig sein, dass auf diesen Videospielen nicht nur lustige Schlittenabfahrten gezeigt und gespielt werden konnten; auch nicht nur Slalomfahrten oder langweilige Hindernisrennen. Nein, es musste sich etwas rühren; es musste Action sein. Es durfte keine Zuschauer, sondern nur Aktive geben! Die Erwachsenen wussten nämlich immer schon genau, was den Kindern gefällt! Es muss Spannung, Kampf und Sieger geben. So musste man zum Beispiel mit dem eigenen Schlitten anderen den Weg abschneiden oder aus der Bahn werfen. Wenn die Kleinsten ihren Schlitten den Berg hinauf zogen, musste man vom fahrenden Schlitten aus diesen die Zugschnur abschneiden, und vieles andere mehr.

Angeregt durch diesen Verkaufsschlager programmierte sich ein talentierter Junge selbst seine Videospiel-Version: Er ließ dabei Geschäfte am Schlittenberg in die Luft sprengen. Aber das gelang nur, wenn man es schaffte, vorher die Wachposten zu erledigen.

Dieses Videospiel, und viele ähnliche sind bis heute in allen Kinderstuben zu finden, denn im Herzen der Kinder lebt das Schlittenberg-Syndrom – und es wird noch andauern.

Zitate
Einsam bist du klein, aber gemeinsam werden wir Anwalt des Lebendigen sein. *Dom Helder Camara*

Wo einer nein sagt, wenn alle blind brüllen – da wird an der Veränderung der Welt gearbeitet. *Rudolf Otto Wiemer*

Nehmen sie die Menschen, wie sie sind – andere gibt's nicht.

Konrad Adenauer

Lieder
Viele kleine Leute *aus Afrika/Ambros/Schleindlsperger*
Jeder knüpft am eignen Netz *Netz/Janssens*

SYMBOL: NETZ

Das Netz ist nicht nur ein Symbol des Empfangens und Sammelns, sondern auch des weitläufigen Verbundenseins. Vernetzt sind wir im Bereich der Telekommunikation und man spricht im wirtschaftlichen und sozialem Bereich von Netzwerken.

In meditativer Weise können wir viele Fäden zu einem Netz zusammen knüpfen.

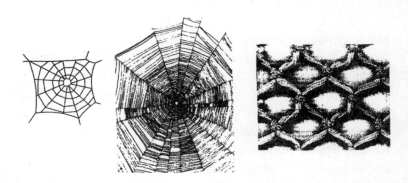

Solidarität mit den Entrechteten

ZUGANG

Nicht nur in Ländern mit Militärregierungen und Diktaturen werden Menschen gefoltert und misshandelt. Auch in europäischen Ländern gibt es Übergriffe der Polizei, werden Frauen in Gefängnissen vergewaltigt und Menschen mit drohender Todesstrafe abgeschoben.

Je mehr sich Menschen in aller Welt für die Menschenrechte einsetzen, desto mehr kommen die Verantwortlichen der Länder in Bedrängnis, die Menschen ohne Gerichtsverfahren verschwinden lassen, politische Gefangene foltern und hinrichten lassen.

ANSÄTZE ZUM HANDELN

Wer ist schuld am Schicksal von Biseng Anik?
– ein Rollenspiel für eine Gruppe, auch als nachträgliche Gerichtsverhandlung zu spielen –

Fallbeispiel:
Die Mutter von der 16-jährigen Biseng Anik erhielt einen Anruf von der türkischen Polizei, in dem sie aufgefordert wurde, zur Wache zu kommen und die Leiche ihrer Tochter abzuholen. Dort bot sich der Mutter ein entsetzlicher Anblick. Der gesamte Körper von Biseng wies Spuren schwerster Folterungen auf: Ihr Körper war in Stücke gerissen, die Finger fast von den Händen abgetrennt. Man hatte auf ihrem Körper Zigaretten ausgedrückt. Die Haut war überall mit Brandwunden übersät.

Biseng Anik gehörte der kurdischen Minderheit in der Türkei an. Es scheint, als habe sie für dieses »Verbrechen« mit dem Leben bezahlen müssen. Die 16-jährige war drei Tage vor ihrem Tod zusammen mit Hunderten anderer Bewohner der Provinz Sirnak festgenommen worden, nachdem dort während der Feierlichkeiten zum kurdischen Neujahrsfest Unruhen ausgebrochen waren.

Die offizielle Version der Umstände des Todes von Biseng Anik lautet, man habe übersehen, dass sich in der Zelle, in die die 16-jährige eingesperrt worden sei, ein Gewehr befunden habe. Die junge Frau habe mit der Waffe Selbstmord begangen. Die Staatsanwaltschaft gab als Todesursache ebenfalls Selbstmord an.

Bevor man sich an dieses Rollenspiel heranwagt, sollte sich die Gruppe mit den Problemen der Menschenrechtsverletzungen befasst haben.
Es gibt Zuschauer und fünf Rollen. Wer will welche Rolle übernehmen?
Die NichtteilnehmerInnen beobachten den Verlauf und berichten anschließend:
– wie glaubwürdig und sachbezogen wirkten die Aussagen?
– was oder welche Fakten haben beeindruckt?
– welche Argumente und Gesichtspunkte wurden nicht eingebracht?
– welchen »Richterspruch« würde ich fällen?

Spielrollen:
1. Biseng Anik, bzw. ihr Anwalt
Ich habe nur dieses traditionelle kurdische Fest besucht. Ich trage keine Schuld, dass es bei diesen Feierlichkeiten zu Unruhen gekommen ist. Ich habe keine Gewalt angewendet.

2. Polizei
Wir befinden uns in einem Krieg gegen Terroristen. Dieser muss gewonnen werden, auch wenn es vielleicht einmal Unschuldige trifft. Die kurdischen Provinzen stehen unter Ausnahmezustand, d.h. Verdächtige können so bis zu 30 Tage ohne Haftbefehl festgehalten werden. Wir haben korrekt gehandelt. Von Folterungen wissen wir nichts.

3. Türkischer Politiker
Wir sind der Auffassung, dass mit Terroristen nicht verhandelt wird. Der Krieg gegen die PKK muss gewonnen werden.

4. Deutscher Politiker
Die Türkei ist NATO-Partner und bekommt daher auch umfangreiche Unterstützung aus der Bundesrepublik. Es ist uns bekannt, dass von deut-

schen Firmen gelieferten Waffen gegen Kurden eingesetzt werden. Unsere Regierung rügt immer wieder die Verantwortlichen der türkischen Regierung, eine dauerhafte Verweigerung einer Zusammenarbeit ist aber unter internationalen Gesichtspunkten nicht möglich.

5. Ein(e) BürgerIn aus Deutschland
Ich fahre jedes Jahr einmal in die Türkei, weil mir dieses Land so gut gefällt. Ich bin momentan völlig überfragt, wie ich zu Menschenrechtsverletzungen in der Türkei stehen und wie ich mich künftig verhalten soll.

Was kann man tun?
◆ Brief- und Eilaktionen zu Gunsten bedrohter Menschen schreiben. Fälle und Adressen gibt es bei Amnesty International (53108 Bonn, Postfach, Tel.: 0228/983730)
◆ Sich einer Gruppe von ai anschließend und deren Aktionen mittragen
◆ Die Arbeit von ai finanziell unterstützen (Sonderkonto 80 90 100 BfS Köln (BLZ) 370 205 00

MATERIALIEN ZUM THEMA

Ziele von Amnesty International
– Freilassung aller gewaltlosen politischen Gefangenen, d.h. von Männern und Frauen, die wegen ihrer politischen, religiösen oder anderen Überzeugungen, auf Grund ihrer Hautfarbe, ethnischen Herkunft, Sprache oder ihres Geschlechts inhaftiert sind und Gewalt weder angewandt noch befürwortet haben.
– Gewährleistung fairer und unverzüglicher Gerichtsverfahren für politische Gefangene.
– Verbot bzw. Verhinderung der Todesstrafe, der Folter und anderer grausamer und unmenschlicher Behandlung von Gefangenen.
– Beendigung von staatlichem Mord und der Praxis des »Verschwindenlassens« politisch unliebsamer Menschen. ai wendet sich auch gegen Menschenrechtsverletzungen durch bewaffnete oppositionelle Gruppen.

Unvorstellbar

Stell dir vor, dein Freund wird vor deinen Augen von bewaffneten Männern in ein Auto gestoßen und entführt. Dein Freund bleibt für immer verschwunden.

Stell dir vor, du wirst einige Wochen später verhaftet, weil man dich verdächtigt, einer oppositionellen Organisation anzugehören.

Stell dir vor, man foltert dich tagelang mit Elektroschock, man reißt dir die Fingernägel aus, bricht dir Gelenke, taucht deinen Kopf in Exkremente, bis du fast erstickst.

Stell dir vor, dass du in einem Prozess, der nicht länger als zehn Minuten dauert und in dem dir kein Anwalt zur Seite steht, zu einer Haftstrafe von 14 Jahren verurteilt wirst.

Stell dir vor, dass du jahrelang unter unmenschlichen Bedingungen inhaftiert bist, ohne ärztliche Versorgung, ohne Kontakt zu deiner Familie.

Stell dir vor, dass Tausende von Menschen in allen Teilen der Welt ein Ähnliches oder noch schlimmeres Schicksal erleiden.

Dreimal wurde ich hingerichtet
»Wir wissen, dass du unschuldig bist, aber wir müssen dich töten!« Das sagte ein Polizist in Kaschmir zu Masroof Sultan. Sie holten sich vier Männer aus dem Gebiet, in dem vier Polizisten umgebracht wurden, um wieder quitt zu sein. Sie stoppten auch einen Schulbus und holten den 18 jährigen Gymnasiasten Masroof Sultan heraus. Dann zwangen die Polizisten ihn in ein Auto und fuhren ihn mit zwei anderen jungen Männern in die Verhörzentrale. Dort sollte Masroof gestehen, ein Militanter zu sein. Er gestand nichts, weil es nichts zu gestehen gab. Doch sie schrien ihn an: »Halt deinen Mund! Wir wissen, dass du militant bist. Wenn du nicht gestehst, werden wir dich prügeln.« Und das taten sie. Drei Stunden lang. Doch Masroof gestand nicht. Als Mastroof aus dem Gefängnisgebäude

gefahren wurde, sah er seine Eltern, die vor dem Tor auf ihn warteten. Sie wurden mit Schlägen von dem Gefangenentransporter vertrieben. Einer sagte zu Mastroof: »Schau deine Mutter an. Es wird das letzte Mal sein«. Für Masroof hatte das Leiden erst begonnen. In Papa II wurde er in einer Zelle nackt ausgezogen. An Zehenspitzen und Penis wurden Elektroden befestigt. »Ich habe geschrien, als sie mit dem Stromstößen anfingen. Ich verlor jedes Gefühl in den Beinen.« Sie schrien: »Gestehst du?« Ich antwortete: »Nein«. Dann schlossen sie den Strom wieder an. Das wiederholten sie zehn bis zwölf Mal. Dann nahmen die Folterer die bloßen Enden der Kabel und hielten sie an verschiedene Stellen seines Körpers, bis er ohnmächtig wurde.

Mit einem Jeep brachten die Polizisten Masroof mit drei anderen Männern zu einem verlassenen Gebiet. Noch mal erklärten sie, dass alle unschuldig seien, aber trotzdem sterben müssten. Die ersten Gewehrsalven trafen Masroof in die Beine und einen Arm. Masroof sah, wie die anderen starben. Doch dann entdeckten die Polizisten, dass Masroof noch nicht tot ist und einer schrie: »Schieß auf das Herz!« Eine Kugel traf den Brustkorb von Masroof, aber er lebte immer noch. Eine weitere Kugel traf in den Hinterkopf, verletzte aber wie durch ein Wunder nicht die Wirbelsäule. Masroof gelang es, den Tod vorzutäuschen und er hielt die Luft an, als ein Polizist ihn heftig in den Bauch schlug, um sich von seinem Tod zu überzeugen. Die Mörder benachrichtigten dann die örtliche Polizei und diese gingen davon aus, dass es eine Schießerei zwischen Militanten gegeben habe.

nach einem Bericht in ai-Info, Magazin für Menschenrechte, 10/93

Freundschaft mit Asylbewerbern

Ich habe seit 10 Jahren Kontakte mit Asylbewerbern, die hier im Landkreis leben. Bisher konnte ich durchwegs positive Erfahrungen machen. Ich erlebe die ausländischen Mitbürger weit offener als manche Einheimische.

Ich werde von ehemaligen Asylbewerbern oft zum Essen eingeladen und dabei geschieht viel kultureller Austausch. Mit Georges, der inzwischen in Köln wohnt, habe ich ein brüderliches Verhältnis. Oder Simon aus dem Libanon wohnt seit drei Jahren in Australien und hat mich schon wiederholt eingeladen.

Natürlich erlebe ich auch die Mentalitätsunterschiede und manches Verhalten verstehe ich nicht. Insgesamt aber profitiere ich von diesen interkulturellen Kontakten und ich möchte mich auch dafür einsetzen, dass ein konfliktfreies und gutes Miteinander der Völker möglich ist..

Magnus Schöfer (22), Chemikant

Alles nur Spaß!?

Bei einer Hochzeit trat jemand auf die Bühne und erzählte einen Witz über einen Stotterer. Einige Minuten vorher hatte ich mich mit einer jungen Frau am Tisch unterhalten, die stotterte.

◆ Der ehrenamtliche Kirchenmitarbeiter sperrte uns die Kirchenräume für einen »Afrikanischen Abend« auf und fragte uns, ob auch wirkliche »Geräucherte« kommen.

Dann erzählte er uns noch einen Witz von lieben Gott, der sich entschuldigte, weil ihm »einer leider angebrannt« ist.

◆ Alle freuten sich auf das Wochenende in einem Haus, das sich in einem »unberührten« und idyllisch gelegenen Dorf« befand. Aber immer wieder fiel das Wort »Kaff« (= armselige Ortschaft, langweiliges kleines Nest).

Zitate

Auf den Gipfeln des Erfolges steht ein Kreuz: für die Leichen, über die man gegangen ist.

Gerhard Uhlenbruck

Wir sind verantwortlich für das, was wir tun, aber auch für das, was wir nicht tun.

Voltaire

Wer Andersdenkende gefangen hält, hält auch das eigene Denken gefangen.

Amnesty International

Einsam bist du klein, aber gemeinsam werden wir Anwalt des Lebendigen sein.

Dom Helder Camara

Lieder

Wenn einer alleine träumt   *Dom Helder Camara/Edelkötter*
Jesus wohnt in unserer Straße   *Wiemer/Edelkötter*

SYMBOL: GITTER

»Hinter Gitter sein« bedeutet für Menschen wie Tiere den Ausschluss aus der Gemeinschaft.

Bei einer gemeinsamen Aktion kann ein Gitterbild an die Wand projiziert werden. (auch: auf einfaches Diaglas Gitter mit wasserfestem Stift aufmalen).

Oder: alle haben ein Bild mit Gitter in der Hand und bringen dann zum Ausdruck, was ihnen dazu einfällt.

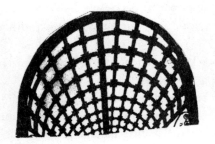
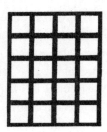

Gemeinschaft im Jugendhaus

ZUGANG

Für Kinder und Jugendliche werden ein paar Tage in einem Jugendhaus fast immer zum großen Erlebnis. Die Erwartungen sind klar: Weg vom Alltag, etwas Neues erfahren und Gemeinschaft erleben. Damit das alles möglich werden kann, streben auch die Verantwortlichen von Jugendgemeinschaften, Schulklassen oder Firm- und Konfirmationsgruppen solche Tage an. Hier werden bei manchen Kindern und Jugendlichen zum ersten Mal eigene Bedürfnisse und all das klar, was zu einem guten Miteinander gehört.

ANSÄTZE ZUM HANDELN

Anfangsspiele
Kontakt- und Kennenlernspiele sind für den Anfang unerlässlich. Dabei soll immer auch ein wenig deutlich werden, was hinter jedem einzelnen Menschen steht und was ihm wichtig ist. Das ist oft die erste Voraussetzung für eine gute Kommunikation.

Ich und Du
◆ Bitte steht auf und verteilt euch im ganzen Raum.
   Es ist gut, wenn wir alle miteinander zuerst einmal erfahren, wo jeder von uns wohnt (Ort/Landkreis). Stellt euch vor, dieser Raum ist eine Landkarte. Wo ich stehe, ist der Marktplatz/das Zentrum/die Kreisstadt. Stellt euch dorthin, wo ihr wohnt. Hier ist Norden und ungefähr der Ort A, und dort wäre dann B. usw.
   Bevor wir mit dem Spiel weitermachen, sagen wir uns gegenseitig, wer wo wohnt.
◆ Alle von uns haben einen Namen. Die einen finden diesen gut, andere weniger. Ich stehe hier in der Mitte des Raumes. Stelle dich nun im Raum so, wie du zu deinem Namen stehst. Wenn du ihn magst, dann stehst du

ganz in der Mitte, und je weniger du ihn magst, desto weiter gehst du nach aussen. Man kann auch bis an die Wand gehen.

(Wenn alle die Positionen eingenommen haben, können kurze Interviews folgen: Wie heisst du – du stehst fast in der Mitte/ Du hast dich an die Wand gestellt..../Hast du auch einen Spitz- oder Kosenamen? Welcher Name wäre dir lieber usw.

◆ Jede und jeder von uns hat so seine Neigungen. Manche Leute sagen dazu auch Laster. Ich zum Beispiel trinke leidenschaftlich gern starken Kaffee. Bei anderen kann es der Fernseher sein, die Zigaretten oder Süßigkeiten.

Stellt euch mit den gleichen Neigungen zu Kleingruppen zusammen!

(alle sollen dann erfahren, welche »Neigungsgruppen« es gibt)

◆ Jetzt kommt die Frage, wo du derzeit am meisten deine Energie reinhängst. Stelle dich dazu in eine der vier Ecken in diesem Raum. Hier treffen sich alle, die derzeit die meiste Energie in die Schule stecken; hier FreundInnen; hier Familie, hier Freizeit.

(kurze Gespräche/Interviews)

◆ Ich möchte zum Abschluss noch etwas Aktuelles einbringen. (etwas aufgreifen, was gerade wichtig oder aktuell ist) Oder: Stell dir vor, du bist um 15 Jahre älter, hast eine Familie gegründet und ihr habt zwei kleine Kinder. Die Frau verdienst wesentlich mehr als der Mann. Was würdest du tun? Wer der Meinung ist, dass die Frau zuhause bleiben soll, soll sich in dieser Ecke treffen; wer der Meinung ist, dass der Mann zuhause bleiben soll, in dieser Ecke; hier sollen sich jene treffen, die für Job-Sharing sind; und hier jene, die meinen, dass man Hausangestellte haben soll, damit beide voll den Beruf ausüben können.

(anschließend alle Gruppen kurz interviewen)

Spiel mit dem Namen

Der Name eines Teilnehmers wird nach unten stehendem Muster auf ein für alle sichtbares Plakat aufgeschrieben. Alle können dann Aussagen bringen, die zu dieser Person passt. Dabei müssen immer die Anfangsbuchstaben übereinstimmen. Gemeinsam wird dann bestimmt, welche Aussage eingeschrieben wird.

Beispiel:

C	charmant	F	frech
a	ausgeglichen	r	redselig
r	rührig	a	arbeitswütig
m	mutig	n	natürlich
e	ehrgeizig	z	zornig
n	nervig		

Mini-Bungee-Jumping

Gemeinschaft zeigt sich besonders dann, wenn sich viele für jemanden einsetzen oder zusammenstehen, der Hilfe braucht. Darum geht es bei diesem etwas gewagtem Spiel. Es geht aber auch um die Erfahrung, eigene Ängste zu überwinden und anderen zu vertrauen.

Ein Tisch wird aufgestellt. Darauf kann man auch noch ein festes Sitzkissen stellen. Auf diesem Sitzkissen stehend lässt sich eine Person (Hände an den Körper legen und steif machen) rückwärts herunterfallen. Aufgefangen wird sie von mindestens 4 Paaren, die jeweils gegenüberstehend ihre Hände fest umfassen. Alle Paare stehen in einer Linie hintereinander und bilden somit ein »Bett«, in das man sich fallen lassen kann.

Hinweise:
– Bereits vorher soll über dieses Spiel gesprochen werden. Im Besonderen darüber, dass es sich hier um eine Übung handelt und Spaß beiseite gelassen werden soll.
– Damit Tisch und ggf. das Sitzkissen nicht verrutschen, soll jemand diese besonders während dem Sprung festhalten.
– Am Boden unter dem »Bett« kann man auch noch für alle Fälle eine Matte legen
– Es soll niemand zu diesem Spiel gedrängt werden. Das heißt nicht, dass man besonders kontaktschwache und ängstliche Teilnehmer nicht ermuntern kann.

Zum Weiterdenken:

Einmal machte ich dieses Spiel mit einer 10. Klasse Gymnasium. Ein Mädchen wollte sich nicht in dieses »Menschenbett« fallen lassen, obwohl sie angab, schon einmal das echte bungee jumping gemacht zu haben. Bei einem nachträglichen Gespräch gab sie die Begründung: »Beim echten bungee jumping kann ich mich auf das Seil verlassen!«

Regeln für das Haus und die Gemeinschaft
Manche Regeln können vorgegeben sein wie z.B. Lärm im Freien nach 22 Uhr, wenn es Nachbarschaft gibt. Trotzdem ist es wichtig, diese nicht bereits zu Beginn vorzutragen sondern vielmehr zusammen den Versuch zu unternehmen, Regeln für das Zusammensein in den Tagen zu erarbeiten.

Eine Möglichkeit ist die Aufforderung, offen oder auch anonym das zum Ausdruck zu bringen, was jedem Teilnehmer wichtig ist. Der Satzanfang kann sein: »Ich möchte...« Anschließend diese sammeln, sich mit wesentlichen Aussagen auseinander setzen und Vereinbarungen treffen.

Dabei kann es möglich werden, dass die Leitung wichtige Dinge anspricht und vorgegebene oder von der Hausleitung festgelegte Regeln einbringt.

Vom Dürfen zum Wollen
Kinder und Jugendliche leben zumeist in einer Umgebung, in der sie die Erwachsenen um Erlaubnis bitten müssen. Hier im Jugendhaus besteht die Möglichkeit, Eigenverantwortlichkeit zu lernen. Statt »darf ich in die Stadt gehen?« gilt nun, dass in offener Form Wünsche zum Ausdruck gebracht und diese – am besten in der großen Runde – entschieden werden.

Auch sind viele daran gewöhnt, dass Kinder zum Essen gerufen werden, oder dass nach Pausenschluss eine Glocke läutet. Hier im Jugendhaus wird keine Glocke läuten und niemand soll »zusammentrommeln«. Mit dieser eigenverantwortlichen Ausrichtung habe ich immer gute Erfahrungen gemacht.

Programmgruppe
Lehrpläne gibt es nicht nur im Religionsunterricht und in der Schule, sondern auch in Kindergärten und Lehrwerkstätten. Kein Wunder, dass auch für das »Seminar im Jugendhaus« Bemühungen in dieser Richtung vorhanden sind. Besonders LehrerInnen, die als Begleitpersonen ins Jugendhaus mitfahren, können manchmal nur mühsam eine andere pädagogische Ausrichtung akzeptieren.

Eine Programmgruppe soll nach der Anfangsphase im Jugendhaus gebildet werden. Diese ist verantwortlich für das Programm und soll bis zum Ende bestehen bleiben. Sie soll aus wenigstens 2 TeilnehmerInnen (höchstens vier) und der Leitung bestehen und sich wenigstens zweimal am Tag treffen.

Das Bestehen einer Programmgruppe bedeutet nicht Konzeptlosigkeit. Die Verantwortlichen sollen im Vorfeld der Jugendhaustage Ziele formulieren und vieles an Möglichkeiten, Spielen und Methoden zusammentragen.

Bei der Programmgruppe muss anfangs immer die Frage gestellt werden, was den Teilnehmern gerade wichtig ist und was vorgeht. Besonders gruppendynamische Aspekte oder Konflikte müssen vorrangig aufgegriffen werden. Oft kommt aus der Runde ein guter und richtiger Impuls, die Leitung muss aber immer rechtzeitig konkrete Handlungs- bzw.-Programmschritte einbringen und gegebenenfalls auch begründen, warum was jetzt wichtig und richtig wäre.

Manchmal geschieht es auch, dass man eine Sache auf das nächste Treffen der Programmgruppe verschiebt. In der Zwischenzeit wird das in kleinen und größeren Kreisen diskutiert und bearbeitet – und meistens werden richtige Antworten gefunden.

Die Kissenschlacht

Nacheinander trudeln sie ein. Wir haben einen wunderbaren Raum mit so genannten Meditationskissen, die nicht nur für Stille und Besinnung verwendet werden.

Die ersten Ankommenden bauen sich mit mehreren Kissen einen komfortablen Sitz und einige sogar eine Art Thron. Deswegen müssen andere auf dem Boden sitzen. Das war schon zweimal so und dieses Mal mache ich dazu eine entsprechende Bemerkung. Einige reagieren und geben für andere ein Kissen ab und andere gehen einfach zu Thronbesitzern hin, bitten darum oder rauben einfach ein Kissen.

Ich mache das zum Gesprächsthema. Mühsam entsteht nun ein Kreis und alle haben ein Sitzkissen.

Als ich bei der nächsten Arbeitseinheit in diesem Raum ankomme, tobt dort eine Kissenschlacht. Das Wort »Schlacht« kommt mir in den Sinn. Ich setze mich auf den Boden, um den Beginn zu signalisieren. Schnell bauen sich wieder einen Thron. Aber nun getrauen sich auch schon einige zu protestieren. Ich höre noch eine Gegenrede: »Ich war eben schneller!« und dann formiert sich der Kreis.

In diesen Sekunden denke ich an frühere Zeiten mit Königen und ihren Schlachten.

MATERIALIEN ZUM THEMA

Wie im Himmel

Alle sagten uns schon voraus: Mit einer solchen Klasse soll man nichts unternehmen. Lauter Chaoten und Miesmacher! Nichts zu machen! Perle vor die Säue geworfen!

Und genau mit dieser Klasse fuhren wir in ein Jugendhaus. Drei Tage lang zusammen sein! Etwas tun, – aus der Sache etwas machen.

Schon bald nach dem Ankommen ging das Hickhack los: meistens gegeneinander; jeder und jede muss selber für sich sorgen. Hauen wir auf die Pauke! Von Mitmachen und Interesse an Themen keine Spur.

Aber nachts waren sie da! Remmidemmi und sonst noch was. Am Morgen dann das böse Erwachen: Zuerst streikte die Raumpflegerin: »Das Gekotze am Gang mache ich nicht weg!« Es folgte die Hausverwaltung mit »grober Ruhestörung«: entweder die Sache in Ordnung bringen oder Rausschmiss.

Im Kreis saßen wir zusammen. Also jetzt müssen wir ran an die Realitäten des Lebens! Aber Leben, was ist das schon? Am besten, jeder mogelt sich durch, schweigt, geht in die Anonymität. Nichts zu machen – niemand steht für etwas ein und jeder ist sich selbst sein Nächster.

Zwei Mädchen stehen auf, suchen Putzkübel und Wischlappen. Lassen so ein Untergrundleben nicht gelten!

Unglaublich, ausgerechnet diese zwei braven Mädchen putzen anderen den Dreck weg! Diese Variante eines Verhaltens hat offensichtlich noch niemand kennen gelernt.

Und der Rest der anonymen Mehrheit sitzt da. Sitzt da und jeder spürt in sich selbst einen Wunsch nach lebenswerterem Miteinander. Zu einem Leben, wie es sich eigentlich jeder vorstellt.

Der Anfang war gemacht und viele Überraschungen folgten. Am Ende der Tage ließen sich alle auf eine gottesdienstähnliche Feier ein und alle bereiteten einen Teil davon vor. Alle hörten aufeinander, klatschten anderen Beifall und beim Friedensgruß umarmten sich die meisten. Vor der Heimfahrt platzte jemand befreiend heraus: Das war wie im Himmel!

Zum Friedensgebet

Dem da
und die da,
die an diesem Wochenende da waren,
wünschen wir Frieden.

Auch denen, die manchmal zu spät kamen,
zum Beispiel, weil sie noch eine rauchen mussten –
und den Nichtrauchern, die zu spät kamen,
weil sie noch duschen mussten.
Mit diesen Leuten soll Friede sein..

Frieden wünschen wir auch denen,
die noch zu Nachtschlafzeit klassische Musik machten
und denen, die im Meditationsraum gepennt haben.

Friede auch denen, die Küchendienst machten
und denen, die gerade dann ganz dringend
etwas anderes machen mussten.

Frieden jenen, die beim Schneeballwerfen
rote Ohren bekommen haben,
oder ein Weiß in rotgefärbten Haaren..

Frieden denen, die unseren schönen Wald
besonders in der Nacht abgesägt haben
und anderen kurzweilige Unterhaltung boten

Frieden auch denen,
die zu ihrer eigenen Zimmerparty zu spät kamen
und denen, die von dieser Party gar nichts gewusst haben.

Friede auch denen, die zuhause geblieben sind
Und jenen, die an diesem Wochenende nicht so gut drauf waren.

All denen wünschen wir Frieden.

erstellt für den Abschlussgottesdienst der Besinnungstage Dezember 1998 –

nach einem Text von Lothar Zenetti

Zitate

Das einzige, wonach wir mit Leidenschaft trachten, ist das Anknüpfen menschlicher Beziehungen.
Ricarda Huch

Es gibt keine neuen Richtungen, es gibt nur eine: von Mensch zu Mensch.
Stanislaw Jerzy Lec

Lieder
Zur Mitte kommen *Kathi Stimmer-Salzeder*
Hier und jetzt *Peikert-Flaspöhler/Horn*

SYMBOL: WEGWEISER

Das Leben ist ein Weg! Auf diesem Weg gibt es viele Stationen, aber auch Kurven, Fehlwege und Kreuzungen. Besonders an Kreuzungen stehen Wegweiser, die nur den Weg zeigen, aber nicht mitgehen.
  Einige Tage im Jugendhaus können Station oder Wegweiser sein. Eine Begegnung kann für einen Menschen richtungsweisend sein; aber auch ein Text, eine Geschichte, ein Spiel oder das Verhalten eines Mitmenschen. Ein Wegweiser aus Pappkarton kann mühelos erstellt werden. Alle sind aufgefordert, darauf ein Wort oder einen kurzen Satz zu schreiben, was für die nächste Zeit wegweisend geworden ist.

Miteinander in jugendbildenden Einrichtungen

ZUGANG

Nach der Verfassung der Bundesrepublik Deutschland haben Kinder und Jugendliche die gleichen Menschenrechte wie die Erwachsenen. Weil unter 18-jährige kein Wahlrecht haben, müssen sie auf andere Weise in die Mitgestaltungskompetenz eingebunden werden.

Kinder und Jugendliche, die in ihren Lebensbereichen mitentscheiden und mitgestalten können, lernen eine eigene Meinung zu äußern, entwickeln weniger Aggressionspotenzial, zeigen und leben Toleranz, bekommen Sozialkompetenz und sind weniger gefährdet in den Bereichen Drogen und sexuellen Missbrauch.

ANSÄTZE ZUM HANDELN

Beispiel: Kindergarten

1. Morgenkreis
Bei diesem täglichen Gesprächssituationen gibt es drei wichtige Punkte:
a. den Blick zurück (was war gestern, was habe ich im Kindergarten und zuhause erlebt?)
b. wie geht es mir heute (z.B. emotionale Seite)
c. was wollen wir heute tun? (Tagesablauf). Die Kinder haben dabei die Wahl zwischen Interesse und Desinteresse. Sie können selber entscheiden, ob sie z.B. am vorgestellten Angebot der Erzieherin teilnehmen oder nicht. In dieser Kommunikationssituation erfahren die Kinder die Meinungen, die Ideen, Wünsche, Gefühle und Erlebnisse der anderen, vergleichen sie mit den eigenen und müssen sich entscheiden.

2. Spielzeugfreier Kindergarten
In einer Dorfgemeinschaft mit Kindergarten wurde die Idee vom »Spielzeugfreien Kindergarten« eingebracht. Es gab Gespräche mit den

Kindern und den Eltern und schließlich stimmten nicht nur die Eltern, sondern auch die Kinder dieser Aktion zu. Alle Betroffenen beteiligten sich daran und arbeiteten mit.

Es wurde eine Bewegungsbaustelle eingerichtet, eine Höhle gebaut, ein Weidenzelt und ein Klettergang angefertigt, ein Beet mit wilden Erdbeeren angelegt und Baumstümpfe zum Sitzen im Freien aufgestellt.

Auch die Spiel- und Aktionsrichtungen änderten sich: Klatschspiele, Abzählverse, Müll sammeln im Wald, Rollenspiele, Massagepraxis und Spielen mit Naturmaterialien. Auch die Väter wurden für diese Aktion mit eingebunden und einmal wurden die Großeltern in die Kindergartenküche eingeladen.

So ging das drei Wochen. Mit den Kindern wurde geredet und abgestimmt, welche bisherigen Spielsachen ausgeräumt werden. Dann wurden wieder langsam Spielwaren hereingeholt, aber immer nach intensiven Gesprächen und in Abstimmung mit den Kindern. Eine Ecke im Kindergarten wurde zum spielzeugfreien Raum erklärt.

Es zeigte sich, dass die Kinder auf Grund dieser Aktion mehr Kontakt untereinander entwickelten. Am meisten wurde das an einem Kind deutlich, dass bisher nur Spielsachen hatte, die mit Knöpfchen zu bedienen waren.

Die gesteckten Ziele wurden erreicht: Mehr Miteinander durch alternativen und bewussteren Umgang mit Spielzeug, Intelligenzförderung und Erziehung zur Kreativität.

Beispiel: Kinderhort
– Kinder und Jugendliche stellen nach einem meist chaotischen Anfang selbst ihre Haus- und Verhaltensregeln auf. (Essensablauf, Hausaufgaben, Freizeitverhalten)
– Bei Gruppenbesprechungen bzw. Kinderkonferenzen werden alle wichtigen Entscheidungen im Miteinander von ErzieherInnen, Kindern und Jugendlichen getroffen.
– Auch die notwendige »Benotung von PraktikantInnen« wurde in einem Hort im Wesentlichen von den Kindern und Jugendlichen eingebracht.

Beispiel: Schule
Ein Schulforum, dem 3 Lehrkräfte, 3 Elternbeiräte, 3 Schüler und die Schulleitung (ohne Stimmrecht) angehören. wird eingerichtet. Dieses Schulforum hat nicht nur beratende Funktion, sondern ist auch ein Entscheidungsgremium, die über die schülereigenen Angelegenheiten wie Schulfeste oder Schülerzeitung hinausgehen wie z.b. in Fragen von Schulausschluss, Pausenverkauf, Studientag, beweglicher Schultag, Schulbusfragen, Pausenverhalten, Rangeleien.

Ähnlich wie inzwischen erfolgreich an Hochschulen muss auch in Schulen eine Form von »Beurteilung der Lehrer durch Schüler« erfolgen. Dabei sollen in anonymer Ausrichtung Fragen eingebracht werden wie: »Lerne ich etwas Sinnvolles?« und »Wirkt der Lehrer vorbereitet?« Ebenso sollen die pädagogischen Fähigkeiten an- und ausgesprochen werden. Diese Praxis muss sich langsam und prozesshaft entwickeln und die SchülerInnen sollen nicht mit einem schwierigen Benotungssystem belastet werden. Es muss gesehen werden, dass die erwachsenen LehrerInnen tagtäglich beurteilen und reglementieren. Es ist zu vermuten, dass die meisten von ihnen dieser »generationsgerechten« Ausrichtung auch zustimmen, sofern diese Praxis konstruktiv und fair gestaltet wird.

MATERIALIEN ZUM THEMA

Das Nagelspiel
Wenn Kinder und Jugendlichen in Gruppen oder mit mehreren Gruppen beisammen sind, dann bilden sich gerne Interessenkreise und Gruppen für bestimmte Vorhaben.
  Spielerisch kann ein Vorhaben eingebracht werden.
  Immer fünf spielen zusammen. Jede Kleingruppe hat die Aufgabe, in einen Holzbalken 10 Nägel einzuschlagen. 10 Hammerschläge hat jede Gruppe.
Die Bewertung erfolgt nach folgenden Gesichtspunkten:
– haben alle sich einbringen bzw. Nägel einschlagen können?
– wurde Hilfestellung jenen gegeben, die etwas unbeholfen waren?
– wie viele Nägel wurden insgesamt eingeschlagen?

Sport-Hymne
Sportliche Betätigung ist gefragt. Vorher oder nachher kann und soll man gemütlich zusammensitzen und feiern. Dabei kann ein »olympisches Lied« eingebracht werden.
Nach der Melodie der Bayern- bzw. Deutschlandhymne:
Gott mit uns am Tag der Spiele,
wenn wir heut' zusammen sind;
schaut mal, sind wir heute viele,
ja da freut sich jedes Kind!
Fair und fröhlich woll'n wir toben,
mit viel action und Verstand.
Nur dabei sein, das ist alles,
darum nehmt euch bei der Hand.

Zusammenspiel
Nicht gegeneinander, sondern im Miteinander kann man etwas erreichen! Bei diesem Spiel kann das deutlich werden:

Auf einem Rasen wird ein Stab eingesteckt und dazu stellt sich eine Person, die darauf achten soll, dass dieser nicht umfällt.

Um den Stab herum wird eine Linie in einem Abstand von drei bis fünf Metern gezogen. Die SpielerInnen stehen dahinter und versuchen, mit einem Ball den Stock zu treffen mit dem Ziel, diesen zu Fall zu bringen. Das klappt am besten, wenn man sich geschickt den Ball zuspielt.

Sonnenblumenkerne

Eine ärmlich gekleidete Frau suchte auf dem Wochenmarkt am Marktplatz mehrere Stände ab und verglich immer wieder die Preise. Das beobachtete eine Marktfrau und sie dachte, dass es wohl eine arme Frau sei. Sie schenkte ihr deshalb einen kleinen Laib Sonnenblumenbrot. Freudestrahlend nahm die Frau diesen entgegen und sagte gleich dazu, dass sie die Hälfte davon der Nachbarin geben werde. Das bewegt die Marktfrau und sie schenkte ihr noch einen kleinen Topf mit einer blühenden Sonnenblume. Die Frau gab die Hälfte des Brotes an die Nachbarin und im Herbst Sonnenblumenkerne aus dem reifen Sonnenblumenkranz der hochgewachsenen Topfblume. Als es wieder Frühjahr wurde, streuten alle in der Nachbarschaft Sonnenblumenkerne aus und im Sommer blühten dann in der ganzen Wohngegend viele Sonnenblumen. Im darauf folgenden Herbst streuten alle Nachbarinnen Samen auf die Fenstersimse und in die Vogelhäuschen. Das lockte viele Vögel im Winter und viele suchten dann im Frühjahr den Nistplatz bei diesen Sonnenblumen-Leuten. Auch steckten viele dieser Frauen Sonnenblumenkerne in kleine Töpfe und verkauften diese nun auf dem Wochenmarkt, um eine Frau unterstützen zu können, die ihren Mann zuhause pflegen musste. Die Marktfrau von damals kam dazu, schnitt Scheiben von einem Sonnenblumenbrot, bestrich diese mit Butter und nun saßen alle nach gutem Verkaufserlösen beisammen und aßen in Freude von den Sonnenblumen.

Zitate
Die jungen Leute leiden weniger unter ihren Fehlern als unter der Weisheit der Alten. *Luc de Vauvenargues*

Jedes Kind ist gewissermaßen ein Genie, und jedes Genie ist gewissermaßen ein Kind. *Arthur Schopenhauer*

Lieder
Entdeck bei dir, entdeck bei mir *Barth/Horst/Janssens*
Du kannst der erste Ton in einem Liede sein *Peikert-Flaspöhler/Horn*

SYMBOL: REGENBOGEN

Der Regenbogen umfasst alle Farben des Lichtspektrums. Damit ist er ein Symbol seelischer Ganzheit.
So wie in einer Klasse oder eine Gruppe die einzelnen Menschen, so sind auch die einzelnen Regenbogenfarben verschieden und doch in ihrer Eigenart einmalig und schön. Zusammen stellen sie ein harmonisches Schauspiel dar.
Wer mag beim Regenbogenspiel mitmachen? Dazu soll die Lieblingsfarbe großflächig auf ein Blatt gemalt werden und dann können alle Blätter zu einem Regenbogen zusammen gelegt werden.

Weitere Bücher von Josef Griesbeck

Alle Farben dieser Erde
44 Fantasiereisen für Liturgie und Gruppenarbeit
Format: 11,9 x 19,8 cm, 120 Seiten, Paperback
ISBN 3-451-27214-1

Wer sich auf Fantasiereisen einlässt, stößt mit großer Wahrscheinlichkeit auf Möglichkeiten, denen er im realen Leben noch nicht begegnet ist. Er kann erfahren, dass es noch etwas gibt, was man nicht begreifen kann, aber greifbar nahe ist.

In den hier gebotenen Beispielen geht es nicht einfach um Fantasie oder um »irrational Unbewusstes«, sondern es wird dem ganzheitlichen Ansatz christlicher Spiritualität Rechnung getragen. Sie finden Beispiele für die Verwendung von Fantasiereisen in liturgischen Feiern, in katechetischen Gruppen (z.B. zur Erstkommunion und Firmvorbereitung, in Familienkreisen oder Partnerschafts- und Selbsterfahrungsgruppen.

Damit alles gelingen kann, gibt es ausführliche Hinweise zur Vorbereitung und Durchführung. **Viel Fantasie und viel Gewinn!**

77 meditative Impulse
Für Schule, Gottesdienst und Gemeinde
Format: 13,9 x 21,4 cm, 96 Seiten, Paperback
ISBN 3-451-26096-4

»Die Kunst des Meditierens ist eine Art, wie wir mit der Wirklichkeit in Verbindung treten können. Und der grund zum meditieren ist die Tatsache, dass die meisten Menschen mit der Wirklichkeit nicht in Verbindung stehen« (A. Watts).

Auf diesem Hintergrund bieten diese, an Symbolen orientierten Kreuzwegmeditationen Anregungen, unseren täglichen Begegnungen, den Dingen und Geheimnissen der Welt auf den Grund zu gehen, weil alles, was ist, einen Grund und einen Namen hat.

Anregungen dazu, unseren täglichen Begegnungen, den Dingen und Geheimnissen der Welt auf den Grund zu gehen.

Ankommen
Neue Themen, Texte und Meditationen für gottesdienstliche Feiern
Format: 13,9 x 21,4 cm, 148 Seiten, Paperback
ISBN 3-451-26788-8

Originelle Gestaltungsideen und alternative Texte für die verschiedenen Stationen eines Gottesdienstes oder für die Gemeindearbeit (Feste, Schaukasten, Pfarrbrief etc.).

Wer in der kirchlichen Gemeindearbeit und in der Seelsorge tätig ist, findet hier wertvolle Anregungen und Hilfen.

Erhältlich in allen Buchhandlungen!

HERDER